HAUG / PFARR / STRUCK

Möglichkeiten der Beschleunigung des arbeitsgerichtlichen Verfahrens

Schriften zum Sozial- und Arbeitsrecht

Band 76

Möglichkeiten der Beschleunigung des arbeitsgerichtlichen Verfahrens

Von

Hochschulass. Dr. iur. Ulrich Haug
Diplom-Volkswirt
Prof. Dr. iur. Heide M. Pfarr
Prof. Dr. iur. Gerhard Struck

DUNCKER & HUMBLOT / BERLIN

CIP-Kurztitelaufnahme der Deutschen Bibliothek

Haug, Ulrich:
Möglichkeiten der Beschleunigung des arbeitsgerichtlichen Verfahrens / von Ulrich Haug; Heide M. Pfarr; Gerhard Struck. — Berlin: Duncker und Humblot, 1985.
(Schriften zum Sozial- und Arbeitsrecht; Bd. 76)
ISBN 3-428-05897-6

NE: Pfarr, Heide M.:; Struck, Gerhard:; GT

Gedruckt 1985 bei Buchdruckerei A. Sayffaerth - E. L. Krohn, Berlin 61
Printed in Germany

ISBN 3-428-05897-6

Vorwort

Die vorliegende Studie zu Beschleunigungsmöglichkeiten im Arbeitsgerichtsprozeß geht zurück auf ein Gutachten, daß die Verfasser 1984 im Auftrag der Behörde für Arbeit, Jugend und Soziales der Freien und Hansestadt Hamburg erstattet haben. Neuere Literatur konnte für den Text über diesen Zeitpunkt hinaus noch bis zum Februar 1985 berücksichtigt werden; danach ließen sich nur noch einzelne Literaturstellen berücksichtigen. Wir weisen darauf hin, daß trotz einiger Bedenken generell die männliche Form der Begriffe wie Richter, Praktiker usw. gebraucht wird. Noch ist es nicht gelungen, die Sprech- und Leseschwierigkeiten bei der exakten Begriffsbildung unter Einschluß der weiblichen Form wie Richterin, Praktikerin usw. zu beheben.

Die Vorschläge und Ergebnisse der vorgelegten Studie gehen auf einen gemeinsamen, langen und ausführlichen Diskussions- und Arbeitsprozeß der Verfasser zurück. Sie stehen demgemäß uneingeschränkt in der gemeinsamen Verantwortung aller drei Autoren, ohne daß etwa einzelne Vorschläge oder Schlußfolgerungen jeweils einem der drei Autoren zurechenbar wären. Trotzdem gab es Arbeitsschwerpunkte: Während Heide Pfarr im übrigen insbesondere noch Praxisrecherche und Koordination übernahm, lagen redaktionell die Schwerpunkte von Ulrich Haug bei den Abschnitten 2. und 3., die von Gerhard Struck bei den Abschnitten 4. bis 7.

Für kritische Durchsicht und Hinweise zum Manuskript sind wir Herrn Rechtsanwalt Dr. Klaus Bertelsmann und Herrn Richter am Arbeitsgericht Dr. Hartwig Rogge sehr verbunden. Ganz besonders herzlichen Dank für viel Geduld und große Präzision bei der Anfertigung des Manuskriptes schulden wir Frau Elke Stedtler und Frau Inge Bullert. Schließlich danken wir dem Verlag Duncker & Humblot für die Aufnahme dieser Arbeit in seine Schriftenreihe zum Arbeits- und Sozialrecht.

Hamburg, im Frühjahr 1985

Ulrich Haug
Heide Pfarr
Gerhard Struck

Inhaltsverzeichnis

1. Die Konzeption der Arbeit

1.1 Zum analytischen Ansatz

Die fortlaufende Diskussion um Beschleunigung des Zivilprozesses und des Arbeitsgerichtsprozesses ist seit einigen Jahren gekennzeichnet durch eine große Anzahl von Veröffentlichungen, die überwiegend einzelne kleine Verbesserungsvorschläge enthalten. Auch die gesetzgeberischen Aktivitäten und Reformvorstellungen der letzten Zeit waren durch die Vielzahl von Details gekennzeichnet, mit denen Verbesserungen erstrebt wurden. Sinn der vorliegenden Studie ist es nicht, zu allen diesen Einzelvorschlägen Stellung zu nehmen. Nach unserer Einschätzung bleibt doch eine erhebliche Skepsis, ob auf diese Art und Weise Beschleunigungseffekte erreichbar sein können, die die zunehmende Belastung der Arbeitsgerichtsbarkeit nennenswert abschwächen könnten.

Die vorliegende Studie versucht statt dessen, eine analytische Basis dadurch zu gewinnen, daß sie auf eine grundsätzliche Einteilung von Beschleunigungsmöglichkeiten zurückgreift. Umgangssprachlich ließe sich dieser Ansatz so formulieren: Prozesse können dadurch schneller werden, daß entweder der Arbeitseinsatz pro Einzelprozeß umdisponiert wird, daß der Arbeitseinsatz intensiviert wird, oder daß bisher nötiger Arbeitseinsatz wegfällt. Die darüber hinaus gegebene Möglichheit, durch Einwerbung neuer Arbeitskraft (z. B. Richterplanstellen) die vorhandene Arbeit auf mehr Personen zu verteilen, wurde aus naheliegenden praktischen und rechtlichen Gründen (vgl. unten Abschnitt 2.2.2) nicht gesondert thematisiert.

Dieses Grundschema der Arbeit ermöglicht es, nach einer Prüfung der verfassungsrechtlich gegebenen Restriktionen zunächst entsprechend den nachdrücklich geäußerten Wünschen der Praktiker des arbeitsgerichtlichen Verfahrens die Fragen der Präklusionsregelungen, die zu zeitlichen Umdispositionen von Arbeitseinsatz führen, angemessen zu berücksichtigen. Nach einer kurzen Erörterung der Frage, ob in der derzeitigen Praxis des Arbeitsgerichtsverfahrens überhaupt nutzbare Chancen und Spielräume zur weiteren Intensivierung des richterlichen Arbeitseinsatzes bestehen, wendet sich die Arbeit innerhalb des dritten Problemkomplexes von den verschiedenen Möglichkeiten einer Streichung bisher notwendigen Arbeitszeitaufwands von Arbeitsrichtern vorwiegend den Problemkreisen einer kürzeren Fassung von Urteilen und einer Mündlichkeit von Urteilsbegründungen zu. Von streichenden Eingriffen in das Rechtsmittelsystem wurden aus naheliegenden Gründen nur die schonendsten erörtert, und dies auch nur soweit, wie sich solche Eingriffe funktional mit anderer Ersparnis richterlicher Arbeitskraft günstig verbinden. Dahinter steht folgende Erwägung: Es wäre banal und zugleich wenig realistisch gewesen, richterliche Arbeitskraft für die Bearbeitung erstinstanzlicher Prozesse etwa durch gänzliche Streichung der Berufungsmöglichkeit gewinnen zu wollen; vorsichtige Veränderungen aber sind in der Gesetzgebungsarbeit fortlaufend behandelt worden und daher durchaus von Interesse.

1.2 Abgeschichtete Probleme

Hinzuweisen ist zunächst darauf, daß sich die Erörterungen im folgenden Text auf das in der Praxis ja häufigste arbeitsgerichtliche Urteilsverfahren beziehen. Fragen der Effektivierung des arbeitsgerichtlichen Beschlußverfahrens (§§ 80 ff. ArbGG)[1] oder des Schiedsverfahrens (§ 101 ArbGG) werden nicht behandelt.

Entsprechend der gerade geschilderten Konzeption werden in der vorliegenden Arbeit weiter einige im folgenden aufgelistete Problemkreise nicht behandelt, obwohl sie durchaus von Relevanz für die Fragen der Verfahrensbeschleunigung und der Justizbelastung sind. Zum Teil versteht sich dies nach der dargelegten Abgrenzung von selbst, zum Teil soll im folgenden ganz kurz angedeutet sein, warum es uns wenig sinnvoll erschien, diese Komplexe hier näher anzugehen; der Grundentscheidung entsprechend haben wir zu diesen abgeschichteten Einzelproblemen auch auf spezielle weiterführende Nachweise verzichtet. Die folgenden Punkte stellen in diesem Sinne die nach unserer Einschätzung wesentlichsten dieser Problemkreise zusammen. Die Liste ließe sich aber durchaus noch verlängern; auch die angeführten Punkte stellen also lediglich eine Auswahl dar:

— Zunehmende Konfliktbereitschaft und mangelnde Kompromißfähigkeit der Bürger dieses Landes wurden gerade in der letzten Zeit in öffentlichen und politischen Debatten wiederholt für die zunehmende Belastung der Justiz verantwortlich gemacht. Es fällt auf, daß die entsprechenden Äußerungen nicht nach Justizzweigen spezifiziert sind und auch nicht ansatzweise operationale Kriterien zur Überprüfung der gemachten Behauptungen angeboten werden.

— Die „Normenflut“ wird seit vielen Jahren für verschiedene soziale Mißstände und unter anderem auch für die Länge von Prozessen verantwort-

[1] Das Wort „Beteiligte“ ist aus diesem Grunde in der ganzen Arbeit stets nur untechnisch zu verstehen.

lich gemacht. Die korrespondierende Forderung nach „einfachen" Gesetzen ist allerdings so alt wie die Kodifikationsidee. Gleichbleibend ist auch seit langem der Mangel an Empirie zu den behaupteten Ursachen — Wirkungen — Verknüpfungen.

— Einzelne materiellrechtliche Normen werden hin und wieder als streitfördernd oder justizbelastend kritisiert. Im Vergleich zur Diskussion um verfahrensrechtliche Normen fällt aber auf, daß das Verfahrensrecht weniger direkt politisch beeinflußt wird. Änderungsvorschläge zum materiellen Recht sind gegenwärtig nur dann chancenreich, wenn sie inhaltlich inakzeptabel sind.

— Eine umfangreiche, stark auf Ziviljustiz bezogene Diskussion über Alternativen zur Justiz hat die Voraussetzungen, Funktionen und Chancen alternativer Institutionen wissenschaftlich analysiert. Für die Arbeitsgerichtsbarkeit sind zwar wiederholt Hinweise gegeben worden, aber es hat keine der relevanten gesellschaftlichen Kräfte und Organisationen bisher ernstlich für das Gebiet der Arbeitsstreitigkeiten alternative Konfliktlösungsverfahren vorgeschlagen.

— Die Diskussion um Beseitigung von Barrieren zur Rechtswahrnehmung (Prozeßkostenhilfe, Rechtsberatungshilfe, Rechtsschutzversicherung) ist in den letzten Jahren wesentlich vorangekommen. Insgesamt scheinen die gemachten und verwirklichten Vorschläge aber eher zusätzliche Arbeitsbelastungen und Verzögerungen zu bedeuten als das Gegenteil. Außerdem ist die Diskussion für die Arbeitsgerichtsbarkeit weit weniger einschlägig als für die Zivilgerichtsbarkeit.

— Es gibt einige Diskussionen um die Pensenschlüssel. Offenbar geht aber niemand so weit, anzunehmen, die Festlegung eines hohen Pensums allein habe eine Wirkung.

— Politische Initiativen haben auf eine Verstärkung des laienrichterlichen Elements gezielt. Die Vorschläge dazu und ihre Verwirklichung sind aber derzeit im politischen Kontext schwer einschätzbar, so daß die weitergehende Frage nach der beschleunigenden/verzögernden Wirkung der hier denkbaren Reform derzeit wohl von niemandem beantwortet werden kann.

— Die Arbeitsverteilung zwischen den verschiedenen Verfahrensbeteiligten beeinflußt direkt, welchen Anteil von der gesamten für einen Prozeß notwendigen Arbeit auf den Richter entfällt. So ist durchaus denkbar, daß spezialisiertere und besser qualifizierte Anwälte insgesamt verfahrenbeschleunigend wirken können. Die entsprechenden Veränderungsprozesse sind aber außerordentlich schwer beeinflußbar und haben vielfältige Determinanten.

— Eine recht umfangreiche Diskussion beschäftigt sich mit der personalen und technischen Einpassung des richterlichen Arbeitsfeldes. Sie beginnt bei der Frage der Zuständigkeit von Rechtspflegern oder der Möglichkeit, rechtspflegerähnliche Berufsfelder auch anderswo zu schaffen, betrifft namentlich auch die Arbeitsorganisation der Geschäftsstellen und endet bei den richterlichen Einsparungen durch elektronische Speicherung von juristischen Texten und durch Textverarbeitungsmaschinen. Solche Fragen von Arbeitsfeldern lassen sich nur durch längerfristigen Einsatz speziellerer Beratungsteams behandeln, die in anderen Bürokratien bereits Erfahrungen gesammelt haben und kommerziell tätig sind.

1.3 Die einzelnen Arbeitsschritte

Die vorgelegte Studie beginnt mit einem verfassungsrechtlichen Teil, der gewissermaßen vor die Klammer gezogen ist: Innerhalb welcher verfassungsrechtlicher Rahmenbedingungen haben sich Vorschläge zur Veränderung der arbeitsgerichtlichen Verfahrenspraxis zu halten? (Abschnitt 2.).

Darauf folgen die drei, im einzelnen unterschiedlich stark ausgebrachten Hauptteile (Abschnitte 3.—5.). In allen diesen drei Komplexen wird integriert fortlaufend die Frage behandelt, wie entsprechende Verfahrensänderungen überhaupt zu bewirken sind. Ausgegangen wird dabei davon, daß veränderte normative Anordnungen, also neue Gesetze, nicht notwendig und unmittelbar auch reale Verhaltensänderungen der beteiligten Richter bewirken, daß insoweit also gegebenenfalls nach anderen Durchsetzungsmodellen gesucht werden muß.

Der erste Hauptteil der Arbeit problematisiert die Möglichkeit zeitlicher Umdisposition von Arbeitsleistungen (Abschnitt 3.). Nach ersten Vorüberlegungen zum Prinzip einer Beschleunigung durch Umdisposition (Abschnitt 3.1) geht es inhaltlich hauptsächlich um die Diskussion von Präklusionen. Hier folgen nach ersten allgemeinen Überlegungen zur Wirkungsweise von Präklusion als Beschleunigungsmittel (Abschnitt 3.2) nähere Untersuchungen von Inhalt und Realität der neueren Präklusionsregelungen, d. h. hinsichtlich der Einzelheiten ihrer jetzigen gesetzlichen bzw. dogmatischen Ausformung und deren praktischer Bewährung (Abschnitt 3.3). Die Frage des nächsten Hauptteils nach möglichen Intensivierungen des Arbeitseinsatzes darf analytisch nicht vernachlässigt werden, auch wenn sie dem einzelnen Arbeitsrichter angesichts seiner alltäglichen Arbeitssituation derzeit eher zynisch erscheinen mag. Insgesamt ist von ihr in der heutigen Realität wohl wenig an Verfahrensbeschleunigung zu erwarten (Abschnitt 4.). Der dritte Hauptteil beschäftigt sich dann mit Möglichkeiten zur Arbeitseinsparung, insbesondere mit Formen der mündlichen Verhandlung, kürzeren Urteilsabsetzungen und Ersatz vollständiger schriftlicher Urteile durch mündliche Urteilsbegründungen (Abschnitt 5.). Dabei wird einleitend die mögliche Diskrepanz zwischen einer Veränderung der normativen Anforderungen und dem Eintreten, Durchsetzen oder Steuern realer Verhaltensänderungen wieder aufgegriffen (Abschnitt 5.1). Während im Anschluß an diese differenzierenden Überlegungen die mündliche Verhandlung (Abschnitt 5.2) schwer beeinflußbar erscheint, läßt sich durch ein modellhaftes Verfahren eines oder einiger Richter etwas für eine durchgängige Kürzung von Urteilen tun. In der Arbeit wird versucht, hierzu an einem Beispiel modellhaft mehrere Kürzungsstufen vorzuführen (Abschnitt 5.3). Eine Umstellung von schriftlichen Urteilen auf mündliche Urteilsbegründungen ist sowohl de lege lata als auch de lege ferenda sehr stark auf die Durchsetzung durch Anreize angewiesen (Abschnitt 5.4).

Gewichtende Thesen (Abschnitt 6.) müssen die Ergebnisse aus der Vielzahl des Materials selektieren. Damit die Überlegungen nicht in unangebrachtem Optimismus enden, sind an den Schluß noch Hinweise zu generellen Durchsetzungsdilemmata eines Bemühens um Verfahrensbeschleunigung gerückt (Abschnitt 7.).

2. Verfassungsrechtliche Rahmenbedingungen für Beschleunigungsmöglichkeiten

2.1 Ansatzpunkt und Vorgehensweise

Die Ausführungen in diesem Abschnitt tragen der Überlegung Rechnung, daß Vorschläge zur Beschleunigung des arbeitsgerichtlichen Verfahrens (sei es durch Veränderungen bei der Gerichtsverhandlung und ihrer Vorbereitung oder durch Vereinfachungen bei der Absetzung von Entscheidungen) sich generell an den verfassungsrechtlich festgeschriebenen Grundentscheidungen und Rahmenbedingungen für Gerichtsverfahren in unserem Rechtsstaat halten müssen. Die Erörterungen dieses Abschnitts konzentrieren sich auf die Herausarbeitung und die Beurteilung dieser Eckpunkte. Den so abgesteckten Rahmen haben dann sowohl Beschleunigungsvorschläge de lege lata zu wahren, also solche, die auf der Basis des heute geltenden zivilprozeßrechtlichen und arbeitsgerichtsverfahrensrechtlichen Normprogramms gedacht und formuliert werden, als auch Beschleunigungsvorschläge de lege ferenda, also solche, die rechtspolitisch auch die Änderung einzelner Elemente des Verfahrensrechts implizieren.

2.1.1 Die wichtigsten einschlägigen verfassungsrechtlichen Grundprinzipien sind das Rechtsstaatsprinzip und der Justizgewährungsanspruch, das Willkür- und Übermaßverbot, der Anspruch auf ein faires Verfahren und der Anspruch auf rechtliches Gehör. Weitere Gesichtspunkte ergeben sich aus dem Sozialstaatsprinzip und der Menschenrechtskonvention. Aus den den einschlägigen Verfahrensnormen übergeordneten Rechtsprinzipien lassen sich unter folgenden Gesichtspunkten einzelne Rahmenbedingungen näher konkretisieren:

— das Justizgewährungsmonopol und sein Verhältnis zur Verbürgung eines effektiven Rechtsschutzes und der Länge der Verfahren (dazu gleich näher Abschnitt 2.2);

— das Verhältnis des verfassungsrechtlichen Rechtsgewährungsanspruches zu den konkreten Normierungen der einfachgesetzlichen Prozeßordnungen (Abschnitt 2.3);

— die Beurteilung von Zugangsbeschränkungen zu gerichtlichen Verfahren wie Fristen, Einführung von Anwaltszwang oder Kostenregelungen (Abschnitt 2.4);

— die Beurteilung von Präklusionsregeln bzw. des zweitinstanzlichen Novenrechts im Hinblick auf den Gleichbehandlungsgrundsatz und den Anspruch auf rechtliches Gehör (Abschnitt 2.5);

— die Auswirkungen des Rechtsstaatsprinzips und des Grundsatzes auf rechtliches Gehör auf die Entscheidungsbegründung, insbesondere die Frage des Erfordernisses der Schriftlichkeit der Begründung (Abschnitt 2.6) sowie

— die Beurteilung der Beschränkung der Zulässigkeit von Rechtsmitteln oder die Erweiterung der Möglichkeiten der Parteien, wirksam auf Rechtsmittel zu verzichten (Abschnitt 2.7).

Innerhalb der in diesen sieben Hauptgruppen gefundenen Rahmenbedingungen haben sich die weiteren Überlegungen für Beschleunigungsvorschläge zu halten.

2.1.2 Die Beurteilung der Spielräume von Beschleunigungsmöglichkeiten anhand des übergeordneten Rechts behält ihre Relevanz sowohl für Vorschläge, die de lege lata auf der Basis der bestehenden Prozeßordnungen formuliert werden, sowie für diejenigen (rechtspolitischen) Vorschläge, deren normative Grundlagen de lege ferenda einfachgesetzlich geschaffen werden müssen. Dabei ist zu beachten, daß die normativen Vorgaben für die Gerichtsverhandlung bzw. für das Absetzen von gerichtlichen Entscheidungen durch die einschlägigen Regelungen in den Prozeßordnungen (ArbGG und ZPO) nicht zuletzt in der Folge gesetzgeberischer Beschleunigungsaktivitäten (Vereinfachungsnovelle zur ZPO 1977 und ArbGG-Novelle 1979) sehr dicht und präzise durchnormiert sind.

Für dieses schon in den Prozeßordnungen vorgesehene Instrumentarium zur Verfahrensbeschleunigung (dazu gleich näher unten, Abschnitt 2.2) sei hier schon darauf hingewiesen, daß sich aus dem verfassungsrechtlichen Beschleunigungsgebot wie aus § 9 Abs. 1 ArbGG ein *Zwang zur Anwendung* in der Praxis ergibt. Nach dem verfassungsrechtlichen wie einfachgesetzlichen Programm ist das in den Prozeßordnungen vorgesehene Instrumentarium also zu benutzen. Die Zurückweisung eines verspäteten Vorbringens, die Nichtverlängerung einer Frist oder die Konzentration auf einen Termin ist danach etwa genauso wie beispielsweise die Befreiung der Entscheidungsgründe von unnötigen Zitatketten und sonstigem schmückenden Beiwerk nicht ins Belieben der Praxis gestellt.

2.1.3 Im einzelnen sind im genannten Zusammenhang für die zwei Bereiche einer Veränderung der Gerichtsverhandlung bzw. einer Vereinfachung bei der Absetzung von Entscheidungen folgende Normkomplexe des Arbeitsgerichtsgesetzes bzw. der ZPO vor allem relevant:

— *Fristen und Konzentration auf einen Termin:* Regelungen für die erste Instanz finden sich hier etwa in §§ 47, 54 Abs. 4, 56 Abs. 1, 57 Abs. 1, 60 Abs. 1

ArbGG; Sonderregelungen für Kündigungsverfahren mit jeweils entsprechend verkürzten Fristen finden sich beispielsweise in § 61 a ArbGG.

— *Präklusion, erstinstanzlich:* Vorschriften hierüber finden sich für den Fall des Verstoßes gegen eine Fristsetzung in § 56 Abs. 2 ArbGG bzw. im Kündigungsschutzverfahren in § 61 a Abs. 5 und 6 ArbGG; für den Fall der Verletzung der allgemeinen Prozeßförderungspflicht finden nach wohl überwiegender, aber durchaus umstrittener Ansicht[1] die allgemeinen Vorschriften der §§ 282 Abs. 1 i. V. m. 296 Abs. 2 ZPO Anwendung.

— *Präklusions- bzw. Novenrecht zweiter Instanz:* Nach dem neuen § 67 ArbGG 1979 wurde die ursprüngliche Ausgestaltung der Berufungsinstanz als prinzipiell zweiter Tatsacheninstanz stark eingeschränkt.

Im Anschluß an erstinstanzliche Fristsetzungen in § 56 und § 61 a ArbGG präkludiert nunmehr zweitinstanzlich § 67 Abs. 1 ArbGG. Für die übrigen Bereiche gelten nach allgemeiner Ansicht § 528 Abs. 2 und 3 der ZPO entsprechend. Darüber hinaus begrenzt § 67 Abs. 2 ArbGG den zweitinstanzlichen Vortragszeitpunkt, d. h. den Zeitpunkt zu dem spätestens Vorbringen in der zweiten Instanz vorgetragen sein muß, im wesentlichen auf den Eingang der beiderseitigen Begründungsschriften, also Berufungsbegründung bzw. Berufungserwiderung.

— *Vereinfachte Form der Absetzung von gerichtlichen Entscheidungen I:* Gemäß § 60 Abs. 4 ArbGG i. V. m. § 313 Abs. 1 Nr. 5 und 6 ZPO enthält das schriftliche Urteil Tatbestand und Entscheidungsgründe. Der Tatbestand hat Beweisfunktion gemäß § 314 ZPO, während die Urteilsgründe Erklärungsfunktion dafür haben, warum die Entscheidung in der getroffenen Weise ausgefallen ist.

Ein Verzicht auf Tatbestand und Entscheidungsgründe ist gemäß § 313 a ZPO nur unter der Voraussetzung möglich, daß ein Rechtsmittel unzweifelhaft nicht eingelegt werden kann (meistens Rechtsmittelverzicht der Parteien), sowie daß eine entsprechende Verzichtserklärung der Parteien auf Tatbestand und Entscheidungsgründe vorliegt[2].

Im Berufungsverfahren kann für die Fälle des Nichtstattfindens der Revision gemäß § 543 Abs. 1 ZPO vom Tatbestand und — unter Einschränkungen — von der Darstellung der Entscheidungsgründe abgesehen werden.

— *Vereinfachte Form der Absetzung von gerichtlichen Entscheidungen II:* Grenzen für die Fälle einer weiteren Vereinfachung von Entscheidungsgründen, abgesehen von den gerade dargestellten gesetzlich geregelten Kürzungsmöglichkeiten, ergeben sich aus der Vorschrift des § 286 Abs. 1 Satz 2 ZPO, wonach in dem Urteil die Gründe anzugeben sind, die für die richterliche Überzeugung leitend gewesen sind, sowie aus der Vorschrift des § 551 Nr. 7 ZPO, wonach eine Entscheidung, die nicht mit Gründen versehen ist, einen absoluten Revisionsgrund schafft.

— *Beschränkung der Rechtsmitteleinlegung:* Eine solche Beschränkung wurde durch die Neufassung des Arbeitsgerichtsgesetzes eingeführt in der neuen Regelung der Zulässigkeit einer Berufung gemäß § 64 ArbGG 1979 mit der Einführung von Zulassungsberufungen und Anhebung des Werts

[1] Str. vgl. dazu näher *Grunsky*, § 57 Rn. 5 m. w. N.

[2] Zur geringen Relevanz v. § 313 a ZPO in der Praxis vgl. *Raabe*, DRiZ 1979, S. 138.

des Beschwerdegegenstands auf DM 800,—. In die gleiche Richtung zielt die neue Regelung der Zulässigkeit der Revision in § 72 ArbGG 1979 mit der Zulassungsrevision und in § 72 a ArbGG 1979 mit der Nichtzulassungsbeschwerde.

2.2 Justizgewährungsmonopol und Verfahrensdauer

Nach dem Grundgesetz hat der Bürger ein Recht auf Justizgewährung durch den Staat. Dies folgt aus dem Rechtsstaatsprinzip des Art. 20 Abs. 3 GG. Gegenüber Akten der öffentlichen Gewalt ist dem Bürger Rechtsschutz aus dem Grundrecht des Art. 19 Abs. 4 garantiert, während für Streitigkeiten auf den Gebieten des Bürgerlichen Rechts und des Arbeitsrechts im materiellen Sinne eine derartige Gewährleistung unmittelbar aus dem Rechtsstaatsprinzip folgt[3]. Dieser Rechtsschutz muß wirkungsvoll sein und die grundsätzlich umfassende tatsächliche als auch rechtliche Prüfung des Streitgegenstandes und eine verbindliche Entscheidung durch einen Richter ermöglichen[4].

2.2.1 Die Verbürgung eines effektiven Rechtsschutzes durch Art. 19 Abs. 4, 20 Abs. 3 GG impliziert wesentliche Gesichtspunkte einer Verfahrensausgestaltung, insbesondere auch im Hinblick auf die jeweilige Verfahrensdauer[5]. Allzu lange Verfahren beeinträchtigen das Effektivitätsprinzip erheblich, teilweise kann durch den überlangen Verfahrensgang im Einzelfall eine gänzliche Aushöhlung des Rechtsschutzes folgen. Hieraus ergibt sich eine verfassungsrechtlich verankerte Pflicht zur Beschleunigung von Verfahren.

Für die Gerichte impliziert dies — allerdings nicht auf Kosten der Richtigkeit richterlicher Entscheidungen — die Ausschöpfung vorhandener Beschleunigungsmöglichkeiten, insbesondere die Verpflichtung zur vorrangigen Behandlung eilbedürftiger Verfahren (eine einfachgesetzliche Umsetzung dieses verfassungsrechtlichen Beschleunigungsprinzips findet sich etwa in § 61 a ArbGG 1979). Angesichts des objektivrechtlichen Gehalts von Art. 19 Abs. 4, 20 Abs. 3 GG und besonders im Hinblick auf das Justizgewährungsmonopol des Staates ergibt sich hieraus auch eine verpflichtende Wirkung gegenüber dem Gesetzgeber zur Schaffung entsprechender Haushaltsmittel, um die Effektivierung des Rechtsschutzes hinsichtlich der personellen wie sachlichen Ressourcen der Justiz zu sichern. Die Gewährleistung eines wirksamen gericht-

[3] Vgl. BVerfGE 28, 21, 36; st. Rspr.; aus neuerer Zeit BVerfGE 51, 312; 46, 17, 28; 54, 277, 291.

[4] BVerfGE 54, 277, 291; 40, 272, 274 f.

[5] BVerfGE 35, 382, 405; 55, 369; *Klöpfer*, JZ 1979, S. 109 ff.; *Finkelnburg*, Gebot, S. 169 ff., 174 f., jeweils m. w. N.; *Leonardy*, DRiZ 1982, S. 121 ff., 125 f.

lichen Rechtsschutzes durch die genannten Verfassungsartikel kann nicht von vornherein nur auf der Basis der vorhandenen Kapazitäten gedacht werden[6].

2.2.2 Nicht erfolgreich erscheinen allerdings Versuche, den aus dem objektivrechtlichen Gehalt von Art. 19 Abs. 4, 20 GG folgenden Grundsatz zur Gewährung effektiven Rechtsschutzes durch den Staat zum subjektiven Recht umzudeuten. Klagen auf Zuweisung neuer Richterstellen an bestimmte Einzelgerichte gegen die Länder sind demnach nicht möglich. So blieb auch ein entsprechendes Verfahren, angestrengt durch den Richterrat beim AG Michelstadt[7], erfolglos[8].

2.2.3 Eine weitere Ausformung hat das Gebot zur Gewährung eines beschleunigten und wirkungsvollen Rechtsschutzes durch Art. 6 Abs. 1 Menschenrechtskonvention gefunden. Danach hat „Jedermann ... Anspruch darauf, daß seine Sache in billiger Weise öffentlich und innerhalb einer angemessenen Frist gehört wird, und zwar von einem unabhängigen und unparteiischen auf Gesetz beruhenden Gericht, das über zivilrechtliche Ansprüche und Verpflichtungen oder über die Stichhaltigkeit der gegen ihn erhobenen strafrechtlichen Anklage zu entscheiden hat ...“.

Erstmals im Jahre 1978 wurde die Bundesrepublik Deutschland im „Fall König“ vom Europäischen Gerichtshof für Menschenrechte eines Verstoßes gegen Art. 6 Abs. 1 MRK für schuldig befunden[9]. In dem überprüften Gerichtsverfahren war nach Ablauf von mittlerweile 10 Jahren und 10 Monaten noch keine abschließende Entscheidung ergangen. 1980 wurde die Bundesrepublik Deutschland deshalb vor diesem Gerichtshof zur Zahlung einer Entschädigungssumme von knapp 40 000 DM an den Beschwerdeführer verurteilt[10].

Der Gerichtshof hat seinen Entscheidungen die Ansicht zugrunde gelegt, daß eine fast zwei Jahre dauernde Aussetzung des Verfahrens durch die Umstände des Falles nicht gerechtfertigt war sowie daß, abgesehen von Verzögerungen auf Grund des Verhaltens des Beschwerdeführers, die Ermittlungen in der Sache nicht mit der erforderlichen Zügigkeit durchgeführt worden waren.

Weitere Verfahren vor dem Europäischen Gerichtshof für Menschenrechte sind anhängig.

---

[6] Vgl. hierzu das „Numerus-clausus-Urteil“ BVerfGE 33, 333; *Lorenz*, AöR 105 (1980), S. 623 ff., 640; *Klöpfer*, JZ 1979, S. 213.

[7] Vgl. AG Michelstadt, DRiZ 1977, S. 315.

[8] Vgl. Beschluß des Hess. VGH, DRiZ 1978, S. 120.

[9] EGMR, Urteil vom 28. Juni 1978, NJW 1979, S. 477 ff.

[10] EGMR, Urteil vom 10. März 1980, NJW 1981, S. 505 f.

2.2.4 Sowohl auf Grund der verfassungsrechtlichen Verpflichtung zur Gewährung eines effektiven, also schleunigen Rechtsschutzes, als auch auf Grund des Beschleunigungsgrundsatzes von Art. 6 Abs. 1 MRK leitet sich für die arbeitsgerichtliche Praxis als erste Rahmenbedingung zunächst der allgemeine Grundsatz zur Verfahrensbeschleunigung ab. Darüber hinaus ergibt sich der Zwang, die in den Prozeßordnungen vorgesehenen bzw. eventuell de lege ferenda noch einzuführenden Beschleunigungsmöglichkeiten auch umzusetzen und in der Praxis so weit als möglich auch anzuwenden. § 9 Abs. 1 Satz 1 ArbGG beinhaltet nach allem lediglich die einfachgesetzliche Normierung einer verfassungsrechtlichen Rahmenbedingung des Arbeitsgerichtsprozesses.

2.3 Rechtsgewährungsanspruch und Prozeßordnungen

Nach ganz einhelliger Meinung ergibt sich aus dem Rechtsstaatlichkeitsprinzip und Art. 19 Abs. 4 GG kein besonderer Anspruch auf einen bestimmten Rechtsweg oder auf Einzelheiten des gewährleisteten Gerichtsverfahrens. Die nähere Ausgestaltung des Rechtsweges ist ins Ermessen des Gesetzgebers gestellt und ergibt sich aus den jeweils geltenden Prozeßordnungen[11]. Gewährleistet wird also die Justizgewährung im Rahmen der jeweils geltenden Prozeßordnungen und damit in Abhängigkeit von den dort jeweils normierten Zulässigkeitsvoraussetzungen einer Anrufung des Gerichts des betreffenden Rechtszuges.

Die Erschwerung des Zugangs zu den Gerichten durch Rechtsweg- oder Zuständigkeitsregelungen ist jedoch nicht unbegrenzt zulässig; sie müssen verhältnismäßig sein und dem verfassungsrechtlichen Übermaßverbot standhalten[12]. Weder darf also durch einfachgesetzliche Zugangserschwerungen der Rechtsweg ausgeschlossen werden[13], noch darf er „in unzumutbarer, aus Sachgründen nicht mehr zu rechtfertigender Weise erschwert werden“[14]. Dies gilt sowohl für den ersten Zugang als auch — soweit durch die Prozeßordnung derartiges vorgesehen ist — für die Wahrnehmung aller weiteren, vorgesehenen Instanzen[15].

Auf der Basis dieser allgemeinen Bestimmung des Verhältnisses des Rechtsstaatsgebots (Art. 20 GG) und der Rechtsweggarantie (Art. 19

[11] BVerfGE 10, 264, 267 f.; 27, 297, 310; 31, 368; 40, 272, 274; 57, 273 ff.; *Hendel*, DRiZ 1980, 376, 378 ff.; *Pfeiffer*, ZRP 1981, S. 121, 124.

[12] BVerfGE 9, 94 f.; 10, 264, 286; 41, 26; 41, 326; 44, 305 f.; 57, 20; *Leibholz / Rinck*, GG, Art. 19 Anm. 10 (S. 443); *Schmidt / Bleibtreu / Klein*, GG, Art. 19 Anm. 18 jeweils m. w. N.

[13] BVerfGE 22, 49, 81 f.; 27, 297, 310.

[14] Seit BVerfGE 10, 264, 268 st. Rspr.; aus neuerer Zeit vgl. BVerfGE 52, 207; 53, 127; 54, 97.

[15] Vgl. etwa BVerfGE 40, 275; 49, 257.

Abs. 4 GG) sowie auf der Basis einer allgemeinen Kontrolle anhand des verfassungsrechtlichen Übermaßverbotes hat das BVerfG seine gesamte weitere Rechtsprechung zu den verfassungsrechtlichen Rahmenbedingungen des zu gewährenden Rechtsschutzes und seiner Ausgestaltung entfaltet. Ergänzend werden hinsichtlich einzelner Probleme vor allem der allgemeine Gleichheitsgrundsatz (Art. 3 Abs. 1 GG) sowie die Gewährleistung rechtlichen Gehörs (Art. 103 Abs. 1 GG) herangezogen.

2.4 Verfassungsrechtliche Rahmenbedingungen von Zugangsbeschränkungen

Nach den allgemeinen Grundsätzen der Rechtsprechung des Bundesverfassungsgerichts sind Zugangsbeschränkungen durch Prozeßvoraussetzungen wie Fristen, Anwaltszwang oder durch Kostenregelungen zulässig, solange sie nicht praktisch auf die Verweigerung von Rechtsschutz hinauslaufen oder dem rechtsstaatlichen Prinzip des Übermaßverbots entgegenstehen.

2.4.1 Prozessuale Fristen

Angesichts der allgemein für zulässig gehaltenen und in nahezu allen Prozeßordnungen auch praktizierten Einschränkung des Verfahrenszugangs über prozessuale Ausschlußfristen sowie über sonstige Fristsetzungen innerhalb der jeweiligen Instanzen ergeben sich Probleme vor allem bei der Konkretisierung der verfassungsrechtlichen Anforderungen an die Bemessung der Dauer der jeweiligen Frist. Die dem Betroffenen verbleibende gesetzliche festgelegte Frist muß angemessen, d. h. ihre Dauer muß mit Rücksicht auf die Informationsmöglichkeiten und mit Rücksicht auf die Schwierigkeit der Rechtslage bestimmt sein[16].

Danach wird eine Frist von 1 bis 2 Tagen grundsätzlich nicht als zulässig angesehen werden können, da hier der Betroffene keine ausreichende Überlegungszeit hat, ob er etwa um Rechtsschutz nachsuchen oder Gegenausführungen machen will etc. Da die Statuierung prozessualer Ausschlußfristen der Wahrung des Rechtsfriedens und der Rechtssicherheit dienen soll, wird weiter bei unverschuldeter, insbesondere auf höherer Gewalt beruhender Fristversäumnis in Einzelfällen gemäß Art. 19 Abs. 4 GG sowie aus dem Gebot zur Gewährung rechtlichen Gehörs nach Art. 103 Abs. 1 GG eine Verpflichtung zur Wiedereinsetzung in den vorigen Stand folgen[17]. Von Bedeutung für diese Wiedereinset-

---

16 BVerfGE 7, 239, 240; 24, 23, 26; 36, 298 ff.; RGSt 21, 374; BGHZ 27, 167 f.; BSG 11, 165; BVerwGE 16, 293.

17 Umstritten; wie im Text BVerwGE 4, 313 f.; 9, 94 f.; *Bachof*, Verfassungs-

zungspflicht kann zum einen die Belastung sein, die sich für den einzelnen ergibt[18], zum anderen der Gesichtspunkt, wie lange denn die Frist bemessen war, die versäumt wurde[19].

Ganz allgemein hat das Gericht im Lichte von Art. 103 Abs. 1 GG oder auch des Sozialstaatsprinzips in Art. 20 Abs. 1 GG den Schutzbedürftigen durch einzelne Hinweise zu unterstützen, um eine effektive Gelegenheit zur Äußerung zu schaffen. Solche prozessuale Fürsorgepflichten sind echte Rechtspflichten aus dem Gebot eines „fairen Verfahrens“[20]. Deshalb sind Schriftsätze, die nach Fristablauf, aber vor Verkündung der Entscheidung eingehen, soweit möglich noch zu berücksichtigen[21]. Auch hat das Gericht bei der angekündigten Stellungnahme eines Betroffenen, notfalls unter erneuter Fristsetzung, eine angemessene Zeit auf die Stellungnahme zu warten[22]. Gegebenenfalls fordert der Grundsatz eines fairen Verfahrens eine Verlängerung von Fristen bis hin zum letzten Mittel, der Verlegung eines Termins oder gar der Aussetzung der Verhandlung[23].

2.4.2 Einführung von Anwaltszwang

Unter verfassungsrechtlichen Gesichtspunkten ist die partielle Einführung eines Anwaltszwangs nicht zu beanstanden[24]. Durch den Zwang zur Einholung rechtskundigen Rates kann die Zahl aussichtsloser Prozesse vermindert sowie durch die sachkundige Aufbereitung des Streitstoffes Arbeitsentlastung und Effektivitätssteigerung im gerichtlichen Verfahren ermöglicht werden. Wegen der Kostensteigerung könnten sich verfassungsrechtliche Bedenken allerdings dann ergeben, wenn der Anwaltszwang auch auf erstinstanzliche Rechtsstreitigkeiten mit rechtlich wenig schwieriger Problematik und geringem Streitwert ausgedehnt würde. Für soziale Härtefälle muß Vorsorge getroffen werden (Sozialstaatsprinzip in Art. 20 Abs. 1 GG); auf Antrag des Betroffenen muß ein Anwalt zur Wahrung der Rechte beigeordnet werden können (Rechtsstaatsprinzip).

---

recht, S. 170; *Dütz*, Gerichtsschutz, S. 177; weitergehend wohl noch *Bauer*, Gerichtsschutz, S. 96.

18 Eingriff mit vermögensrechtlichen Auswirkungen oder in den Persönlichkeitsbereich des einzelnen, vgl. BVerfGE 35, 48 u. 59; BVerfGE 38, 38 sowie 46, 406 m. w. N.

19 So insbesondere *Dütz*, Gerichtsschutz, S. 177.

20 Zur verfassungsrechtlichen Grundlegung vgl. BVerfGE 38, 105, 111.

21 OLG Bamberg, OLGZ 1976, 351, 353 f.

22 BVerfGE 8, 89 ff.; 12, 6, 8 f.; 49, 212, 216; OLG Bremen, NJW 1963, 1321.

23 BGHZ 27, 163, 169; BVerwGE 13, 187, 190; 44, 307, 309; BSG 17, 44, 47; auch BVerwG, NJW 1979, 1619.

24 Vgl. ausführlich *Bachof*, NJW 1954, S. 256 ff. m. w. N.

2.4.3 Zugangsbarriere Kostenregelungen

Die Erhebung von Gerichtskosten ist grundsätzlich nicht zu beanstanden[25]. Unter Beschleunigungsgesichtspunkten ist diese Möglichkeit der Zugangsbeschränkung gerichtlichen Rechtsschutzes wenig relevant. Hier kommen lediglich Einzelfälle in Betracht[26]. Gegen Gerichtskosten bestehen so lange keine verfassungsrechtlichen Bedenken, als sie den einzelnen zwar vor der Inanspruchnahme unnötiger und aussichtsloser Gerichtsleistungen auf Kosten der Allgemeinheit abschrecken, aber sich jedenfalls noch nicht wie eine Rechtswegsperre auswirken oder eine solche Höhe erreichen, daß allein das Kostenrisiko den um Rechtsschutz Nachsuchenden von der Beschreitung des Rechtswegs bzw. von der Inanspruchnahme bestimmter verfahrensmäßig vorgesehener Möglichkeiten abschreckt[27].

2.5 Die Zurückweisung verspäteten Vorbringens (Präklusion)

Es begegnet keinen verfassungsrechtlichen Bedenken, daß der Gesetzgeber in den Prozeßordnungen zumeist verfahrensrechtlich die Möglichkeit geschaffen hat, verspätetes Vorbringen einer Partei im Interesse der Straffung und Beschleunigung des Gerichtsverfahrens zurückzuweisen. Auch das in der Verfahrensordnung vorgesehene Präklusions- und Novenrecht für die zweite Instanz hält einer Überprüfung stand (§ 67 ArbGG i. V. m. § 528 Abs. 2 und 3 ZPO). Allerdings haben solche Vorschriften nach der ständigen Rechtsprechung des Bundesverfassungsgerichtes strengen Ausnahmecharakter, weil sie einschneidende Folgen für die säumige Partei nach sich ziehen[28]. Ihre Anwendung bedarf daher in besonderem Maße gesicherter Anknüpfungspunkte, so daß eine analoge Anwendung oder eine Präklusion bei nicht hinreichend klarer Prozeßleitung, Fristsetzung etc. unter verfassungsrechtlichen Gesichtspunkten nicht möglich erscheint[29].

2.5.1 Präklusion und rechtliches Gehör

Art. 103 Abs. 1 GG eröffnet den Verfahrensbeteiligten ein Recht darauf, daß sie Gelegenheit erhalten, den Sachverhalt für eine gerichtliche

---

[25] BVerfGE 10, 268; 50, 230 f.; 54, 41.

[26] Wie etwa § 313 a ZPO in dessen Folge in den Gerichtskostengesetzen Gebührenerleichterungen als Anreiz für den Verzicht der Parteien auf die Absetzung einer ausführlichen Entscheidung (mit Tatbestand und Entscheidungsgründen) vorgesehen sind.

[27] Vgl. hierzu BVerfGE 11, 143; 50, 231; 54, 41.

[28] Vgl. BVerfGE 59, 330, 334; 60, 1, 6; 62, 249, 254; 66, 260, 264.

[29] Vgl. BVerfGE 59, 330, 335; 60, 1, 5 f.; 66, 260, 264 f.

Entscheidung vorzutragen und sich zu dem der Entscheidung zugrundeliegenden Sachverhalt umfassend zu äußern. Diese Möglichkeit zur Rechtsverfolgung und Rechtsverteidigung ist durch die Präklusionsvorschriften teilweise eingeschränkt. Dies wirkt sich zwangsläufig nachteilig für die Bemühung um eine materiell zutreffende Entscheidung aus. Das Grundrecht auf rechtliches Gehör gewährt aber keinen Schutz gegen Entscheidungen, die den Vortrag eines Beteiligten aus Gründen des formellen oder materiellen Rechts ganz oder teilweise außer Betracht lassen[30], solange die Anwendung dieser Vorschriften voraussetzt, daß die betroffene Partei ausreichend Gelegenheit zu ihrem Sachvortrag hatte und diese Gelegenheit schuldhaft ungenutzt verstreichen ließ, so daß jetzt Verzögerungen durch verspäteten Vortrag eintreten würden[31].

Ebenso wie § 296 Abs. 1 entspricht die Regelung in § 56 Abs. 2 und § 61 a Abs. 5 ArbGG — die jeweils im Unterschied zu § 296 Abs. 1 ZPO der im Arbeitsgerichtsverfahren gegenüber dem Verfahren vor den ordentlichen Gerichten eingeschränkten Möglichkeit zur Setzung von Fristen Rechnung trägt — diesen Grundsätzen der Rechtsprechung des Bundesverfassungsgerichts. Nichts anderes gilt für die Zurückweisungsmöglichkeit verspäteten Vorbringens auf Grund Verstoßes gegen die allgemeine Prozeßförderungspflicht durch die Parteien (§ 282 Abs. 1 ZPO i. V. m. § 296 Abs. 2 ZPO). Dem Anspruch auf rechtliches Gehör ist Genüge getan, wenn die von der Zurückweisung betroffene Partei eine ausreichende Gelegenheit zum Vortrag schuldhaft ungenutzt verstreichen ließ, die Anwendung dieser Vorschriften, also die Möglichkeit umfassenden Vorbringens aller Verfahrensbeteiligten gewährt.

Das Bundesverfassungsgericht will allerdings eine Anwendung der Präklusionsvorschriften auf Verstöße gegen die Prozeßförderungspflicht durch die Parteien beschränkt sehen. Nicht genügen soll hierfür der Fall, daß eine Partei ein bestimmtes Angriffs- oder Verteidigungsmittel für völlig unerheblich halten durfte[32]. Einen Verstoß gegen den Grundsatz des rechtlichen Gehörs aus Art. 103 Abs. 1 hat das Bundesverfassungsgericht bei fehlerhafter Anwendung der Präklusionsvorschriften durch die Zivilgerichte in den seit 1982 entschiedenen Fällen im Ergebnis praktisch immer angenommen, ohne daß diese Rechtsfrage allerdings bislang einmal prinzipiell in einem Beschluß entschieden wurde[33].

30 BVerfGE 60, 1, 6 u. 36, 92, 97 m. w. N.

31 Ständige Rechtsprechung; vgl. BVerfGE 36, 92, 98; 51, 188, 191; 54, 117, 124; 55, 72, 94; 60, 1, 5 m. ausf. N.; 66, 260, 263; zuletzt BVerfG NJW 1985, S. 1149 f.

32 Vgl. dazu i. e. BVerfGE 59, 330, 334; 62, 249, 254; 67, 39, 42 f.

33 Vgl. BVerfGE 59, 330, 334 f.; 60, 1, 6; 62, 249, 253; 66, 260, 264 u. zuletzt die Beschlüsse zu § 296 Abs. 2 in NJW 1985, 1149 f. u. zu § 296 Abs. 1 in NJW 1985,

2.5.2 Präklusion und Gleichbehandlungsgebot

Der allgemeine Gleichheitssatz wird als Rahmenbedingung einer verfahrensrechtlichen Präklusion relevant unter dem Blickwinkel einer fehlerhaften, einfachgesetzlichen Anwendung der Vorschriften, auf die die Präklusion im Einzelfall gestützt wird. Nach der ständigen Rechtsprechung des Bundesverfassungsgerichts bindet entsprechend Art. 1 Abs. 3 GG der allgemeine Gleichheitssatz auch die Rechtsprechung als unmittelbar geltendes Recht[34] und gewährleistet im Zivil- wie im Arbeitsgerichtsverfahren die Gleichwertigkeit der prozessualen Stellung der Partei vor dem Richter, gebietet also Gleichheit der Rechtsanwendung durch den Richter im Interesse materieller Gerechtigkeit[35]. Diese Auslegung des allgemeinen verfassungsrechtlichen Gleichheitssatzes schafft auch einen Rahmen für die Handhabung des Verfahrensrechtes[36]. Da das Bundesverfassungsgericht dabei nicht als Superrevisionsinstanz auftritt, geht seine verfassungsgerichtliche Kontrolle allerdings nur dahin, ob eine fehlerhafte Rechtsanwendung vorliegt, die bei Würdigung der diesen Verfassungsgrundsatz beherrschenden Gedanken nicht mehr verständlich ist und sich daher der Schluß auf sachfremde Erwägungen aufdrängt[37].

Bei einer differenzierenden Regelung von Sachverhalten durch den Gesetzgeber endet dessen Spielraum allerdings erst dort, wo die ungleiche Behandlung der geregelten Sachverhalte ohne jeglichen einleuchtenden Grund erfolgt, also eine solche Willkür gesetzgeberischer Regelung vorliegt, daß deren Unsachlichkeit evident ist[38]. Ein derart evidenter Verstoß gegen das Willkürverbot ist jedenfalls bei Einführung von Präklusionsmöglichkeiten so lange nicht gegeben, als Vorbringen immer dann berücksichtigt wird, wenn die Erledigung des Rechtsstreites im Zeitpunkt des erstmaligen Vorbringens nicht verzögert oder wenn die Verspätung genügend entschuldigt wird.

2.5.3 Grenzen für Präklusions- und Novenrecht in der Berufungsinstanz

Für die Bestimmung der verfassungsrechtlichen Grenzen ist zwischen erstmalig in der Berufungsinstanz eingeführtem verspäteten Vorbringen und solchem verspäteten Vorbringen, hinsichtlich dessen die säu-

---

1150 f. Diese Rechtsprechung ist nicht unbestritten, vgl. dazu etwa *Waldner*, NJW 1984, S. 2925 ff.; *Deubner*, NJW 1985, S. 1140 ff.; *Schumann*, NJW 1985, S. 1134 ff.

34 BVerfGE 42, 64, 72; 52, 203.

35 BVerfGE 52, 131.

36 BVerfGE 42, 64, 73.

37 St. Rspr., BVerfGE 4, 1, 7; 18, 85, 96; 34, 325, 329; 42, 64, 78; 54, 117, 125.

38 BVerfGE 9, 334, 337; 12, 326, 333; 23, 135, 143; 55, 72, 90.

mige Partei bereits in erster Instanz nicht zugelassen worden ist, zu differenzieren. Dabei findet sich in § 67 Abs. 1 Satz 1 und 2 ArbGG eine von der ZPO abweichende Regelung hinsichtlich neuen Vorbringens, das während einer erstinstanzlich hiefür gesetzten Frist nicht vorgebracht wurde.

Die Abweichung von der ZPO trägt der arbeitsrechtlichen Besonderheit Rechnung, daß den Parteien hier nicht im selben Maße wie im Verfahren vor den ordentlichen Gerichten Fristen gesetzt werden können. § 67 Abs. 1 Satz 3 ArbGG verweist deshalb, systematisch korrekt, für den arbeitsrechtlich keine Besonderheiten aufweisenden Fall des Nichtvorbringens von Angriffs und Verteidigungsmitteln in erster Instanz entgegen der allgemeinen Prozeßförderungspflicht auf die Regelung des § 528 Abs. 2 ZPO. Ähnlich wird dort für den Fall, in dem bereits in der ersten Instanz eine gerichtliche Entscheidung über die Nichtzulassung des verspäteten Vorbringens ergangen ist — also „altes“ Vorbringen vorliegt —, auf die Regelung des § 528 Abs. 3 ZPO verwiesen. Bei solchem Vorbringen wird nur die Rechtmäßigkeit der erstinstanzlichen Entscheidung vom Berufungsgericht überprüft; es kommt also anders als beim zweitinstanzlichen Novenrecht hier nicht mehr darauf an, ob die Zulassung dieses Vorbringens zu einer Verzögerung der Entscheidung in der Berufungsinstanz führt.

Das Bundesverfassungsgericht hat in einem Normenkontrollverfahren diese Differenzierung zwischen „altem“ und in der Berufungsinstanz erstmals vorgebrachtem „neuen“ Vorbringen in § 528 Abs. 3 ZPO als mit Art. 3 Abs. 1 GG vereinbar erklärt[39]. Angesichts der erstinstanzlich schon ergangenen Ausschließungsentscheidung seien keine evidenten Verstöße gegen das Willkürverbot gegeben, sondern diese Regelung beruhe auf sachlichen Differenzierungsgründen im Rahmen des weit zu fassenden gesetzgeberischen Ermessens[40]. Das Verfassungsgericht erkannte zwar, daß als Folge dieser Differenzierung die Parteien bei drohender erstinstanzlicher Präklusion zur Vermeidung der Rechtsfolge von § 67 Abs. 1 Satz 3 ArbGG i. V. m. § 528 Abs. 3 ZPO gehalten sein könnten, Vorbringen erstinstanzlich endgültig zurückzuhalten, sah dies aber vor allem als Problem der Formulierung der Vorschriften des zweitinstanzlichen Novenrechts und nicht von § 528 Abs. 3 ZPO. Im übrigen wurde auf die erheblich differierenden Kostenfolgen erstinstanzlichen Vortrags bzw. der Berufung hingewiesen[41].

---

[39] BVerfGE 55, 72 ff. m. a. N.; 36, 92, 97 f.; 54, 117, 123 ff.; zuletzt NJW 1985, 1150, 1151.

[40] BVerfGE 55, 72, 90 f.

[41] BVerfGE 55, 72, 92.

Auch die Anwendung dieser Ausschlußvorschriften — bei denen es nicht mehr auf die Verzögerung der Erledigung des Rechtsstreits ankommt, sondern auf die Überprüfung einer vorinstanzlichen Ausschlußentscheidung — setzt voraus, daß die Prozeßparteien mit ihrem verspäteten Vorbringen in der zu überprüfenden Entscheidung der ersten Instanz zu Recht ausgeschlossen worden sind. Da dies impliziert, daß sie hinreichend Gelegenheit zur Äußerung hatten, können sich hiergegen auch keine Bedenken aus dem Verfassungsgrundsatz des rechtlichen Gehörs nach Art. 103 Abs. 1 GG ergeben.

Nach den genannten beiden Verfassungsgrundsätzen ergeben sich weiter keine Bedenken gegen Vorschriften wie § 67 Abs. 2 ArbGG, durch die der zweitinstanzliche Vortragszeitpunkt im Bereich des Novenrechts auf Berufungsbegründung bzw. -beantwortung festgelegt wird. Derartige Regelungen bewegen sich innerhalb der aufgezeigten verfassungsrechtlichen Rahmenbedingung. Ergänzend sind hier aus dem Gesichtspunkt des rechtlichen Gehörs dieselben Grenzen zu beachten, die hinsichtlich der zulässigen und verhältnismäßigen Bemessung der Länge von prozessualen Fristen erörtert wurden[42]. Solange sich also der letztzulässige Vortragszeitpunkt in dem dort aufgezeigten Rahmen hält und für unverschuldetes, insbesondere auf höherer Gewalt beruhendes Versäumnis Ausnahmeregelungen (wie hier in § 67 Abs. 2 Satz 2 ArbGG) vorgesehen sind, halten sich derartige Ausschlußnormen im Rahmen der für ihre Beurteilung einschlägigen verfassungsrechtlichen Vorschriften.

2.6 Rechtsstaatsprinzip, rechtliches Gehör und Entscheidungsbegründung

In der Rechtsprechung des Bundesverfassungsgerichts sind Begründungspflichten bei behördlichen Eingriffsakten oder bei Tätigwerden von Gerichten aus unterschiedlichen verfassungsrechtlichen Gesichtspunkten abgeleitet worden. Im Effekt geht es immer darum, daß der betroffene Bürger, die betroffenen Prozeßparteien etc. die Möglichkeit erhalten sollen, das weitere Vorgehen — etwa Gegenvorstellungen, Rechtsmittel, Vergleichsbereitschaft oder die Hinnahme eines entsprechenden Verwaltungsaktes, einer Gerichtsentscheidung — sachgemäß zu überlegen.

2.6.1 Rechtsstaatliche Erwägungen

In zwei Entscheidungen hat das Bundesverfassungsgericht zum Begründungszwang bei behördlichen Eingriffsakten Stellung genommen[43].

[42] Vgl. oben Abschnitt 2.4.1.

[43] BVerfGE 6, 32, 44; 40, 276, 296.

In der ersten Entscheidung ging das Bundesverfassungsgericht aus rechtsstaatlichen Erwägungen davon aus, daß der Staatsbürger, in dessen Rechte eingegriffen wird, einen Anspruch darauf hat, die Gründe dafür zu erfahren. Nur unter dieser Voraussetzung sei gewährleistet, daß der betroffene Bürger seine Rechte sachgemäß verteidigen könne[44]. Zur Schriftlichkeit der Begründung ist dort nichts ausgeführt.

Die zweite Entscheidung leitet — unter Bestätigung der in der ersten Entscheidung entwickelten Grundsätze — aus dem Rechtsstaatsgebot des Art. 20 Abs. 1 GG nicht die Verpflichtung ab, daß dem betroffenen Bürger (hier einem Strafgefangenen) die Begründung für den Eingriff in seine Rechte in jedem Fall von Verfassungs wegen schriftlich erteilt werden[45] müsse (dazu sogleich näher unten Abschnitt 2.6.3 aus dem Blickwinkel von Art. 103 Abs. 1 GG). Im einzelnen argumentierte das Gericht, daß bei inhaltlich nicht umfangreichen Begründungen eine „nur mündliche Eröffnung selbst dann keinen verfassungsrechtlichen Bedenken" begegne, „wenn eine schriftliche Bekanntgabe an sich sinnvoll wäre"[46]. Auf Grund des Zwecks der Begründung wird dies deshalb für ausreichend gehalten, weil der Betroffene sich in einem solchen Fall gegen die Entscheidung anhand ihrer mündlichen Begründung hinreichend verteidigen könne. Ausnahmen will das Verfassungsgericht dann annehmen, wenn davon auszugehen ist, daß „dem genauen Wortlaut der Verfügung entscheidende Bedeutung zukommt oder diese so umfangreich gewesen (ist), daß deshalb eine schriftliche Bekanntgabe geboten gewesen" ist[47].

Diese Rechtsprechung hat das Bundesverfassungsgericht auch für den hier interessierenden Bereich der Kürzung bzw. des Absehens von Entscheidungsbegründungen in Gerichtsverfahren fruchtbar gemacht. In ausdrücklichem Bezug auf die beiden Vorentscheidungen führte das Gericht aus, daß ein Beschluß des BGH, durch den nach § 554 b Abs. 1 ZPO eine Revision nicht angenommen wurde, aus Gründen des Rechtsstaatsgebots jedenfalls nicht weiter begründet zu werden brauche[48]. Auch wenn die Nachvollziehung einer derartigen Entscheidung für die Parteien erschwert und demgemäß unbefriedigend sein könne, so stelle dies trotzdem keinen Verfassungsverstoß dar, denn aus dem Grundgesetz ließe sich nicht der Zwang ableiten, jede gerichtliche Entscheidung mit einer Begründung zu versehen. Insbesondere bei mit ordentlichen Rechtsmitteln nicht mehr anfechtbaren letztinstanzlichen Gerichtsentscheidungen, durch die also ein Rechtsweg letztinstanzlich abgeschlos-

[44] BVerfGE 6, 32, 44.
[45] BVerfGE 40, 276, 286.
[46] BVerfGE 40, 276, 286.
[47] BVerfGE 40, 276, 286.
[48] BVerfGE 50, 287, 298 f.

sen wird, seien Erwägungen aus dem Rechtsstaatsprinzip nicht einschlägig. Hier sei eine weitere Verteidigung der Rechte des Betroffenen ohnehin nicht mehr möglich[49]. Nähere, auch inhaltlich stärker eingrenzende Gesichtspunkte für die Begründung richterlicher Entscheidungen ergäben sich insbesondere aus dem Anspruch auf Gewährung rechtlichen Gehörs.

2.6.2 Rechtliches Gehör und Entscheidungsbegründung

Durch den Verfassungsanspruch auf rechtliches Gehör der Prozeßparteien in Art. 103 Abs. 1 GG werden die Gerichte verpflichtet, Ausführungen der Prozeßparteien auch zur Kenntnis zu nehmen und in Erwägung zu ziehen[50]. Art. 103 Abs. 1 GG wird allerdings so lange nicht tangiert, als sich nicht im Einzelfall aus besonderen Umständen deutlich ergibt, daß das Gericht dieser Pflicht nicht nachgekommen ist. Grundsätzlich geht das Bundesverfassungsgericht nämlich davon aus, daß die Gerichte in der Regel das von ihnen entgegengenommene Parteivorbringen auch zur Kenntnis nehmen und in Erwägung ziehen[51].

Allerdings läßt nur die Begründung erkennen, wie weit der Prozeßbeteiligte wirklich Gehör gefunden hat. Deshalb geht die ganz überwiegende Meinung dahin, daß sich das entscheidende Gericht nicht nur zur besseren Kontrolle durch das Rechtsmittelgericht[52] oder zur Legitimierung der Entscheidung selbst[53], sondern auch im Hinblick auf den Grundsatz des rechtlichen Gehörs jedenfalls in den Entscheidungsgründen mit den wesentlichen, der Rechtsverfolgung und Rechtsverteidigung dienenden Tatsachenbehauptungen auseinandersetzen muß[54]. Die Gerichte sind also im Lichte von Art. 3 Abs. 1 GG nicht gezwungen, sich mit jedem Vorbringen der Parteien in den Entscheidungsgründen ausdrücklich zu befassen[55]. Ein Verstoß gegen den durch Art. 3 GG bestimmten Rahmen läßt sich nur feststellen, wenn im Einzelfall besondere Umstände deutlich ergeben, daß tatsächliches Vorbringen eines Beteiligten überhaupt nicht zur Kenntnis genommen wurde oder doch bei der Entscheidung ersichtlich nicht erwogen worden ist[56].

---

[49] BVerfGE 50, 287, 290.

[50] St. Rspr., BVerfGE 42, 364, 367 f., m. a. N.

[51] St. Rspr., BVerfGE 25, 137, 140; 27, 248, 251; 34, 344, 347; 40, 101, 105; 47, 182, 187; 51, 126, 129; 54, 86, 91 f.

[52] Hierzu vgl. BVerwG, DVBl. 1960, 935.

[53] Sehr eng OLG Hamburg, NJW 1978, 2462; ausführlich *Brüggemann*, Begründungspflicht, S. 117 f.

[54] St. Rspr., BVerfGE 47, 182, 189; vgl. auch BVerfGE 11, 218, 220; 36, 298, 301; BayVerfGHE 16, 1, 5; 20, 60, 61 f.; 24, 115; BGHZ 3, 175; BFH 100, 351 f.; *Schmidt / Bleibtreu / Klein*, GG, Art. 103 Abs. 1 Rdnr. 4; *Rüping*, BK (Zweitbearbeitung), Art. 103 Abs. 1 Rdnr. 56.

[55] BVerfGE 13, 132, 149; 42, 364, 368.

Nach allem ist also ein Verstoß gegen das Gebot des rechtlichen Gehörs nicht nur dann gegeben, wenn erhebliches Vorbringen oder Beweisangebote ersichtlich übersehen wurden, sondern auch, wenn in den Entscheidungsgründen auf das wesentliche Vorbringen einer Partei während einer Instanz, soll heißen auf den Kernpunkt des Angriffs bzw. der Verteidigung dieser Partei, nicht ausdrücklich eingegangen wird. Dem Gesamtzusammenhang der Urteilsbegründung muß „bei verständiger Würdigung unter Zugrundelegung der Rechtsanschauung des urteilenden Gerichts" entnommen werden können, daß „es das Vorbringen zwar erwogen, aber als unwesentlich beurteilt hätte"[57]. Sind die wesentlichen, der Rechtsverfolgung und Rechtsverteidigung dienenden Tatsachenbehauptungen nicht in die Entscheidungsgründe eingearbeitet worden, so wird aus diesem Schweigen der Entscheidungsgründe — eventuell zusammen mit anderen Indizien, wie etwa der Nichtberücksichtigung bestimmter Komplexe bei der Streitwertfestsetzung[58] — der Schluß daraus gezogen, daß das Gericht den betreffenden Tatsachenvortrag bei der Urteilsfindung aus den Augen verloren und nicht mehr berücksichtigt hat.

Die einfachgesetzlichen Vorschriften in den Verfahrensordnungen über die Begründung gerichtlicher Entscheidungen (vgl. etwa § 286 Abs. 1 Satz 2 ZPO, § 60 Abs. 4 ArbGG i. V. m. § 313 ZPO, §§ 543 Abs. 1 und 551 Nr. 7 ZPO) stellen bis zu diesem Punkt lediglich Ausprägungen des verfassungsrechtlichen Gebots in Art. 103 Abs. 1 GG dar und entfalten lediglich bei der Statuierung darüber hinausgehender Begründungsanforderungen konstitutive Rechtswirkungen.

Nach ständiger Rechtsprechung des Bundesverfassungsgerichts geht die Berücksichtigungs- und Bescheidungs-(Begründungs-)Pflicht im Hinblick auf Art. 103 Abs. 1 GG nicht so weit, daß auch eine Verletzung des Anspruches auf rechtliches Gehör dann anzunehmen wäre, wenn etwa der Sachvortrag eines Beteiligten zwar zur Kenntnis genommen wurde, aber aus Gründen des formellen oder materiellen Rechts vom entscheidenden Gericht ganz oder teilweise unberücksichtigt gelassen wurde. So wurde etwa eine Entscheidung des BAG bestätigt, in der Sachvortrag einer Partei insoweit unberücksichtigt gelassen wurde, als er nicht in der Revisionsbegründungsschrift, sondern in einem zusätzlich von der Partei persönlich verfaßten Schreiben enthalten war[59]. In diesen Fällen gewährt Art. 103 Abs. 1 GG dem Beteiligten grundsätzlich keinen

---

[56] BVerfGE 27, 248, 151 f.; 47, 182, 188 f.; BayVerfGHE 29, 219, 223; *Brüggemann*, Begründungspflicht, S. 174, jeweils m. w. N.

[57] BVerfG, NJW 1078, S. 989, 990.

[58] BVerfGE 54, 86, 92.

[59] Vgl. BVerfG AP Art. 103 GG Nr. 33; einen ähnlichen Fall betraf BVerfG AP Art. 103 GG Nr. 31.

Schutz gegen die Nichtberücksichtigung eines Sachvortrags durch die ergehende Gerichtsentscheidung.

Weiter liegt allein in einer ungewöhnlich langen Verzögerung der Absetzung der Entscheidungsgründe eines Urteils in der Regel ebenfalls noch kein Verstoß gegen Art. 103 Abs. 1 GG. Bei einer Verzögerung der Absetzung der Entscheidungsgründe eines Berufungsurteils von 10 bis 14 Monaten zwischen Verkündung und Zustellung dieses Urteils hat das BAG noch nicht einmal den absoluten Revisionsgrund des § 551 Nr. 7 ZPO angenommen[60]. Etwas anderes könnte sich lediglich aus dem Gesichtspunkt des Ablaufs der (durch die Vereinfachungsnovelle 1977 gestrichenen und 1980 wieder eingeführten) 5-Monats-Frist des § 552 ZPO ergeben, wobei freilich zu fordern ist, daß dem jeweiligen Revisionskläger dadurch verfahrensrechtliche Nachteile entstehen[61]. Dabei ist für das arbeitsgerichtliche Verfahren dann aber ergänzend zu berücksichtigen, daß die Rechtsmittelfristen nach § 9 Abs. 5 Satz 3 ArbGG 1979 erst mit dem Zugang der Rechtsmittelbelehrung beginnen und daß bei entsprechenden Mängeln in diesem Bereich durch § 9 Abs. 5 Satz 4 ArbGG 1979 eine 1-Jahres-Frist vorgesehen ist. Hinsichtlich Art. 103 Abs. 1 GG ist allerdings Vorsorge zu treffen dafür, daß in den Entscheidungsgründen angesichts des langen Zeitraums bei einer relativ späten Niederlegung der Urteilsgründe noch eine Auseinandersetzung mit dem gesamten Sachvortrag beider Parteien möglich ist. Dies erfordert beispielsweise, daß die betreffenden Richter auf Sitzungs- und Beratungsnotizen, die sie während der Verhandlung und Beweisaufnahme angefertigt haben, zurückgreifen können[62].

Der oben aufgezeigte Rahmen notwendiger Begründung gerichtlicher Entscheidung auf Grund von Art. 103 Abs. 1 GG könnte weiter durch die für das Berufungsurteil durch § 543 ZPO eröffneten Abkürzungsmöglichkeiten oder deren denkbare Erweiterung verlassen werden. Die Schwierigkeiten in der Praxis ergeben sich nicht daraus, daß den Parteien die Gründe des Berufungsurteils nicht hinreichend klargemacht werden, oder daß sich aus den Umständen im Einzelfall ergibt, daß tatsächliches Vorbringen einer Partei nicht zur Kenntnis genommen worden ist. Vielmehr liegen die Probleme stärker darin, daß möglicherweise dem Revisionsgericht mangels ausreichender zweitinstanzlicher Tatsachenfeststellung bzw. deren Fixierung eine angemessene Überprüfung des angefochtenen Urteils nicht möglich ist. Dies ist aber kein für Art. 103 Abs. 1 GG relevanter Gesichtspunkt, sondern möglicherweise eine Frage der (zulässigen oder unzulässigen) Beschränkung des Zu-

[60] Vgl. BAG AP § 551 ZPO Nr. 10 sowie BAG, NJW 1982, 302.

[61] Vgl. BGHZ 7, 155; 32, 17, 24 u. BGH, NJW 1961, 1815.

[62] So die Rechtsprechung des BAG unter ausdrücklicher Berufung auf BSG AP § 551 ZPO Nr. 8 u. BGH AP § 60 ArbGG 1953 Nr. 3.

gangs zur nächsten Instanz[63]. Durch die über § 543 Abs. 1 und 2 ZPO eröffnete Möglichkeit der Bezugnahme auf Entscheidungsbegründung und[64] auf den Tatbestand der erstinstanzlichen Entscheidung erfolgt jedenfalls eine Entscheidungsbegründung, die den Parteien auch zugänglich gemacht ist. So begegnen Regelungen wie § 543 ZPO keinen Bedenken wegen einer Verletzung rechtlichen Gehörs[65].

2.6.3 Erfordernis der Schriftlichkeit der Begründung

Anders als bei der Konkretisierung des Begründungszwangs aus dem Rechtsstaatsgebot hat das Bundesverfassungsgericht bei der Ausformung des Begründungszwangs in der Folge von Art. 103 Abs. 1 GG bislang keine Stellung dazu genommen, ob die Begründung einer gerichtlichen Entscheidung, soweit sie im einzelnen Fall erforderlich ist, schriftlich zu ergehen hat, oder ob diese Begründung auch mündlich erfolgen kann. Da bislang fast alle Prozeßordnungen de lege lata das Erfordernis einer schriftlichen Urteilsbegründung postulieren, so steht zu vermuten, daß hierzu bislang auch kein Anlaß bestand. Es erscheint allerdings gut vertretbar, sich hier ähnlich wie bei der Festlegung rechtsstaatlicher Begründungspflichten für die Notwendigkeit einer schriftlichen Entscheidungsbegründung daran zu orientieren, ob im Einzelfall gerade der Wortlaut (und damit eine textförmige Niederlegung) oder die Komplexität des Falles bzw. der anzustellenden rechtlichen Erwägungen eine schriftliche Entscheidungsbegründung erfordern. Dies könnte im Einzelfall erforderlich sein, um dem Betroffenen über die Möglichkeit des wiederholten Nachlesens die Chance zur Reaktion, zur angemessenen Wahrung seiner Rechte, also etwa zur Prüfung der Erfolgsaussichten einer Anfechtung der ergangenen Entscheidung zu geben. Bei von vornherein unanfechtbaren Entscheidungen, bei Entscheidungen, die einen Instanzenzug abschließen oder bei solchen, nach denen ein wirksamer Rechtsmittelverzicht der Parteien ergangen ist, fehlt es an einem solchen Erfordernis für eine schriftliche Entscheidungsbegründung.

Für das Arbeitsgerichtsverfahren sei in diesem Zusammenhang noch auf einen wichtigen Unterschied zum Verfahren vor den ordentlichen Gerichten hingewiesen: Für die unteren Instanzen sichert das Arbeitsgerichtsgesetz die Mitteilung des wesentlichen Inhalts der Entscheidungsgründe bei der Urteilsverkündung. Dies findet sich etwa in der Regelung

[63] Vgl. dazu oben Abschnitt 2.3.

[64] Ausnahmsweise; dazu BAG, NJW 1981, 2078 f.

[65] Vgl. auch BAG AP § 3 BUrlG — 5-Tage-Woche — Nr. 1; BAG AP § 313 ZPO Nr. 5; BGHZ 40, 84, 87; BGH, NJW 1979, 927, alle m. w. N.; hinsichtlich der Bezugnahme auf die erstinstanzliche Beweiswürdigung Bedenken noch 1957 bei BAG AP Nr. 4 zu § 611 BGB.

des § 60 Abs. 2 Satz 1 für die erste Instanz wie in § 69 Abs. 1 Satz 2 mit seiner Verweisung auf § 60 Abs. 2 Satz 1 für die zweite Instanz. Zu Recht hat diese Verstärkung der Mündlichkeit bei den Entscheidungsgründen bislang niemand etwa mit Art. 103 Abs. 1 GG für unvereinbar gehalten. Angesichts der üblichen fachsprachlich gehaltenen und handwerklich ausgefeilten Technik des Absetzens von schriftlichem Tatbestand und schriftlichen Entscheidungsgründen müssen als Adressaten derartiger Verhandlungsergebnisse vorrangig die professionell mit Arbeitsgerichtsverfahren Befaßten (Rechtsmittelgericht, Anwalt) angesehen werden, nicht aber die als Parteien am Prozeß Beteiligten selbst, denen mit einer auf sie zugeschnittenen, ausführlicheren mündlichen Entscheidungsbegründung sicherlich stärker gedient ist. Zweifelsohne sind dies Gesichtspunkte, die vor allem für die erste und mit Einschränkungen eventuell noch für die zweite Instanz Geltung beanspruchen können[66].

2.7 Einschränkung der Zulässigkeit von Rechtsmitteln

2.7.1 Beschränkung von Instanzenzügen?

Weder das Rechtsstaatsprinzip noch Art. 19 Abs. 4 GG gewährleisten, daß ein gerichtlicher Instanzenzug zur Verfügung gestellt wird. Beiden Verfassungsgrundsätzen wird schon durch die Einrichtung eines gerichtlichen Verfahrens mit einer Instanz genügt[67]. Die Gegner dieser ständigen Rechtsprechung des BVerfG berufen sich für ihre Ableitung der Garantie eines mehrstufigen Instanzenzuges ergänzend entweder auf Verfahrensgrundrechte in Art. 101 Abs. 1 Satz 2 und 103 Abs. 1 GG[68] oder auf das Prinzip der Effektivität des Rechtsschutzes[69]. Nach dem Grundverständnis des BVerfG wird aber der subjektiv einforderbare Rechtsschutz nur im Rahmen der gerichtsorganisatorischen Entscheidungen in den Prozeßordnungen garantiert. Bei dem Versuch einer Ableitung aus dem Effektivitätsprinzip ist zudem der notwendige Sachzusammenhang zwischen der Einrichtung von Rechtsmittelinstanzen und der Effektivitätssteigerung des Rechtsschutzes nicht ohne weiteres evident. Jedenfalls wird der Beendigungszeitpunkt des Gesamtverfahrens wohl deutlich hinausgeschoben werden[70].

---

[66] Vgl. dazu unten.

[67] BVerfGE 11, 232, 233 m. w. N.; 28, 21, 36; 40, 272, 274 f.; 41, 26; 49, 340 f.; 54, 143; BVerfGE 3, 147; *Dürig* in Maunz / Dürig / Herzog / Scholz, GG, Art. 19 Abs. 4 Rdnr. 45; *von Mangoldt / Klein*, GG, Art. 20 Anm. VI 2; a. A. *Lorenz*, Rechtsschutz, S. 244; *Bauer*, Gerichtsschutz, S. 100.

[68] So *Lorenz*, S. 244, insbesondere entgegen BVerfGE 28, 96; 42, 248.

[69] Vgl. *Bauer*, Gerichtsschutz, S. 101 u. dagegen BVerfGE 49, 341.

[70] Zu diesem Spannungsverhältnis bei der Diskussion um den Verwaltungs-

Soweit allerdings die Prozeßordnungen einen gerichtlichen Instanzenzug einrichten, entfalten die Garantie rechtsstaatlichen Verfahrens wie das Prinzip der Effektivität des Rechtsschutzes eine große Wirkung. Der Zugang zur nächsten Instanz darf nicht in unzumutbarer Weise erschwert werden[71], insbesondere nicht in sachlich nicht mehr zu rechtfertigender Weise beschränkt werden[72]. Im Rahmen der Garantie der Rechtsschutzeffektivität hat der Bürger einen substantiellen Anspruch auf eine möglichst wirksame gerichtliche Kontrolle in allen ihm von der Prozeßordnung zur Verfügung gestellten Instanzen[73]. Da der Gesetzgeber durch die verfassungsrechtlich einschlägigen Prinzipien nicht gehalten ist, überhaupt Rechtsmittelzüge einzurichten, so ist er auch nicht gehindert, lediglich hinsichtlich einzelner Gruppen von Streitigkeiten Rechtsmittel zu ermöglichen. Angesichts des verfassungsrechtlichen Gleichbehandlungsgebots in Art. 3 Abs. 1 GG müssen für die gesetzgeberische Differenzierung zwischen den einzelnen Gruppen von Streitigkeiten sachliche Gründe bestehen.

2.7.2 Erfordernis der Zulassung in der angefochtenen Entscheidung mit Nichtzulassungsbeschwerde

Keine Bedenken bestehen nach der verfassungsgerichtlichen Rechtsprechung dagegen, den Zugang zur nächsthöheren Instanz von einer Zulassung des vorinstanzlich entscheidenden Gerichtes abhängig zu machen und die Versagung dieser Zulassung durch Gewährung einer Nichtzulassungsbeschwerde bei der höheren Instanz überprüfbar zu machen. Dabei wird nach den dargelegten verfassungsrechtlichen Grundsätzen wohl auch ohne weiteres für zulässig zu halten sein, daß der Gesetzgeber diese Überprüfung der Zulassungsentscheidung mittels Nichtzulassungsbeschwerde auf die Fälle mit besonders wesentlichen Verfahrensgegenständen beschränkt.

So hat etwa auch das BAG durch Beschluß vom 3. September 1980 unter Anwendung dieser Grundsätze der Rechtsprechung des BVerfG zur 1979 neu eingeführten Nichtzulassungsbeschwerde ausgeführt, daß die Beschränkung der Nichtzulassungsbeschwerde wegen grundsätzlicher Bedeutung der Rechtssache auf die Streitigkeiten gemäß § 72 a Abs. 1 ArbGG 1979 verfassungsgemäß ist[74]. Die Privilegierung der kol-

prozeß näher *Schenke*, DÖV 1982, 709 f. sowie *Schenke*, BK (Zweitbearbeitung), Art. 19 Abs. 4 Rdnr. 56.

[71] BVerfGE 50, 30; 54, 97.

[72] BVerfGE 40, 272, 275; 41, 26, 226 f.; 44, 305 f.; 49, 257, 341.

[73] BVerfGE 35, 263, 274.

[74] BAG AP § 72 a ArbGG 1979 Nr. 8; vgl. auch *Grunsky*, ArbGG, § 72 a ArbGG Rdnr. 7; *Wlotzke / Schwedes / Lorenz*, Arbeitsgerichtsgesetz 1979, § 72 a Rdnr. 5.

lektivrechtlichen Streitigkeiten i. S. des § 72 a Abs. 1 ArbGG 1969 wurde mit deren vielfach über die Entscheidung des Einzelfalls hinausreichenden generellen Bedeutung sachlich begründet[75]. Daß in den anderen Fällen auch bei grundsätzlicher Bedeutung der Rechtssache eine Nichtzulassungsbeschwerde nicht eröffnet ist, wird anhand des Entlastungszwecks der Arbeitsgerichtsnovelle gerechtfertigt und hat nach allem auch verfassungsrechtlichen Bestand.

2.7.3 Erfordernis der Annahme durch die Rechtsmittelinstanz

Eine weitere interessante Rahmenbedingung für die gesetzgeberische Gestaltungsfreiheit bei der Beschränkung von Rechtsmittelmöglichkeiten entwickelte das Bundesverfassungsgericht bei der Überprüfung der zivilprozessualen Vorschrift über die Annahmerevision, § 554 b ZPO. Dabei ging es ebenso wie im oben genannten BAG-Beschluß um die weitere Ausformung der Anforderungen aus dem Gleichheitsgrundsatz, Art. 3 Abs. 1 GG, also um die verfassungsrechtliche Zulässigkeit einzelner Differenzierungskriterien bei der nur teilweisen Gewährung von Rechtsmitteln bzw. — wie bei § 554 b ZPO — bei der Versagung sonst zulässiger Rechtsmittel für einzelne Fälle.

Dies ist ein vom Gesetzgeber gerade unter Beschleunigungsgesichtspunkten verschiedentlich beschrittener Weg, und unter dieser Zielsetzung wurde § 554 b ZPO 1975 durch das Gesetz zur Änderung des Rechts der Revision in Zivilsachen[76] in das Zivilverfahrensrecht eingefügt. Zu klären war dabei, ob im Lichte von Art. 3 Abs. 1 GG eine Beschränkung der Möglichkeit zur Einlegung von Rechtsmitteln dahingehend erfolgen darf, daß das Rechtsmittelgericht aus Gründen der Selbststeuerung die Annahme zulässig eingelegter Rechtsmittel je nach seiner Arbeitsbelastung ablehnen darf — dies insbesondere, wenn nach der für die Beurteilung gebotenen ersten summarischen Prüfung im Ergebnis von einer Aussicht des Rechtsmittels auf Erfolg auszugehen ist.

Der Zweite Senat des Bundesverfassungsgerichts hatte entschieden, daß Revisionen im Anwendungsbereich des § 554 b ZPO (Rechtssache ohne grundsätzliche Bedeutung; Wert der Beschwerde mehr als 40 000 DM) nicht im Interesse der Arbeitsentlastung des Revisionssenats durch Nichtannahme erledigt werden dürfen, soweit eine Überprüfung im Annahmeverfahren ergibt, daß das Rechtsmittel im Endergebnis Erfolg verspricht[77]. Die Annahme einer Revision ohne grundsätzliche Bedeutung dürfe nur dann ohne Verstoß gegen die Verfassung

---

[75] BAG AP § 72 a ArbGG 1979 Nr. 8.

[76] BGBl. I, 1863.

[77] BVerfGE 49, 148 ff.

abgelehnt werden, wenn das Rechtsmittel nach der in diesem Stadium gebotenen Prüfung im Endergebnis keine Erfolgsaussicht habe[78].

Nachdem der Erste Senat von Teilen dieser Grundsätze abweichen wollte und deshalb das Plenum des Bundesverfassungsgerichts angerufen hatte, erging am 11. Juni 1980 ein Plenarbeschluß, der die Rechtsauffassung des Zweiten Senats bestätigte[79]. Wegen des Gebots der Rechtsanwendungsgleichheit nach Art. 3 Abs. 1 GG lasse sich § 554 b Abs. 1 ZPO nicht dahingehend auslegen, daß nach dieser Vorschrift die Annahme einer Revision aus Gründen der Selbststeuerung seiner Arbeitslast durch das Revisionsgericht abgelehnt werden dürfe, die nach der gebotenen Prüfung Aussicht auf Erfolg besitze. So eingesetzt, beschwöre diese Ablehnungsregelung nämlich „die Gefahr einer so unterschiedlichen Handhabung herauf, daß dies nicht mehr als ein auf die einzelne Rechtssache bezogener, sondern von ihr nahezu völlig unabhängiger, mehr oder minder dem Zufall überlassener und mithin willkürlicher Maßstab erschiene“[80].

Das BVerfG sah keine zulässigen Gründe dafür, die Annahme einer im Endergebnis erfolgversprechenden Revision in einer Sache ohne grundsätzliche Bedeutung zugunsten der Entlastung abzulehnen; weder sei es unter dem Blickwinkel von Art. 3 Abs. 1 GG zulässig, danach zu differenzieren, ob der Rechtsfehler, auf dem das angegriffene Urteil beruht, minder schwerer Art sei, noch lasse sich danach differenzieren, ob das Urteil den Rechtsmittelkläger in unerträglicher Weise beschwere oder nicht. Eine Abstufung nach der Schwere oder Vertretbarkeit von Rechtsfehlern als Maßstab einer Nichtannahme sei von Verfassungs wegen deshalb nicht sachgerecht, weil es bei der Eröffnung von Rechtsmitteln um die Richtigkeit des Urteils geht. Aus der Sicht der Betroffenen sei hierfür wesentlich das Ergebnis ausschlaggebend; für dieses komme es aber nicht darauf an, ob der sachliche Rechtsfehler, auf dem das angefochtene Urteil beruht, weniger schwer oder vertretbar sei. Ausschlaggebend sei allein, daß ein Rechtsfehler vorliege, auf dem das angefochtene Urteil beruhe, da immer dann das Ergebnis mit genau derselben Wirkung getroffen werde[81]. Auch ob das fehlerhafte Urteil den Rechtsmittelkläger in unerträglicher Weise beschwere, ihn etwa in seiner wirtschaftlichen oder gesellschaftlichen Existenz bedrohe, sei kein zulässiges Differenzierungskriterium für die Rechtsmittelablehnung. Diese Auffassung beinhalte einen Verstoß gegen den Grundsatz der Gleichheit aller vor dem Gesetz und der Rechts-

---

[78] BVerfGE 50, 115; bekräftigt in BVerfGE 50, 287 f.

[79] BVerfGE 54, 277 ff.

[80] BVerfGE 54, 277, 293.

[81] BVerfGE 54, 277, 295 f.

gewährung ohne Ansehung der Person als Kern einer „Gewährleistung von Recht durch Gerichtsbarkeit". Wenn eine Partei nach der bei der Vorprüfung gewonnenen Auffassung des Revisionsgerichts im Endergebnis Erfolg habe, dann „darf ihr dieses Recht nicht aus dem Grund verweigert werden, sie sei aus wirtschaftlichen oder sonstigen außerrechtlichen Gründen in der Lage, das Fehlurteil zu ertragen"[82].

Die Diskussion um diesen Plenarbeschluß ist kontrovers: Einerseits wird das Prinzip, daß bei der Ausfüllung eines gesetzlich gewährten Entscheidungsspielraums der Gesichtspunkt der Ressourcenknappheit nicht maßgeblich soll mitwirken dürfen, für vorschnell erklärt[83]. Ressourcenknappheit bewirke jedenfalls auch ohne Vermittlung über eine prozessuale Gesetzesnorm ein verstärktes Ausrichten des Entscheidungsverhaltens an denjenigen Vorschriften der Prozeßordnung, die auf eine beschleunigte Beendigung des Rechtsstreites hinzielen oder eine solche ermöglichen[84]. Auf der anderen Seite wird der Beschluß mit der Überlegung begrüßt, es könne dem Bürger nicht zugemutet werden, einen Rechtsnachteil hinzunehmen, weil gerade der für ihn zuständige Richter viel zu tun hatte — auch wenn die Ursache seiner Arbeitsbelastung nicht in seiner Person, sondern in objektiver Arbeitsüberlastung besteht. Bei der Eröffnung von Rechtsmitteln soll eine Abwägung zwischen der Bedeutung einer Sache und der Arbeitsbelastung des Rechtsmittelgerichts deshalb nicht zulässig sein[85].

2.7.4 Rechtsmittelverzicht

Keinen verfassungsrechtlichen Einschränkungen unterliegt die Eröffnung verstärkter Möglichkeiten für die Parteien, wirksam auf die Einlegung von Rechtsmitteln zu verzichten[86].

---

[82] BVerfGE 54, 277, 296.

[83] Vgl. näher *Hendel*, DRiZ 1980, S. 380 f.

[84] Vgl. ebd. sowie *ders.*, Recht und Politik 1977, S. 155 f.

[85] So *Pfeiffer*, ZRP 1981, S. 144.

[86] Dazu vgl. ausführlich BVerfGE 9, 199 ff.

3. Zur Umdisposition von richterlichem Zeitaufwand pro Verfahren durch Fristen und Präklusion

3.1 Beschleunigung durch Umdisposition

Der nachfolgende Abschnitt schildert zuerst die abstrakte Möglichkeit der Beschleunigung von Einzelverfahren durch Umdisposition von richterlicher Arbeitszeit pro Einzelverfahren (3.1) und legt, immer noch abstrakt, die Wirkungsmechanismen von Präklusion dar, die faktisch im Zentrum der Überlegungen steht (3.2). Danach werden die geltenden Regelungen näher untersucht, und zwar hinsichtlich ihrer jetzigen gesetzlichen und dogmatischen Ausformung und ihrer praktischen Bewährung (3.3). Erst auf dieser Basis kann eine Einschätzung abschließen (3.4).

Die umfangreiche Diskussion in der juristischen Fachöffentlichkeit um Fristsetzungen und Präklusionen ist Konsequenz einer Idee, die auf die unaufwendigste Form von Verfahrensbeschleunigung zielt.

Der Grundgedanke ist, daß nicht mehr, andere oder weniger Arbeit pro Einzelverfahren notwendig wird, sondern daß dieselbe Arbeit — gemessen in Stunden und Minuten — anders über die Arbeitswochen und -monate verteilt werden, nämlich so, daß Anfang und Ende eines Prozesses näher aneinanderrücken. Da dieser Grundgedanke von einer Menge von Umstände im öffentlichen Bewußtsein annähernd verdrängt ist, soll er zuerst modellhaft klar ausformuliert werden.

Für eine solche Modellrechnung kann man folgende Zahlen „greifen“: Man kann sich Richter vorstellen, die in jahrelanger Arbeit mit 45 Arbeitswochen à 40 Stunden pro Jahr jeweils 450 Prozesse erledigen. Der Zeitaufwand pro Einzelverfahren beläuft sich mithin auf 4 Zeitstunden. Diese verteilen sich über Lektüre der Klageschrift, Dezernatsarbeit, Güteverhandlung, Kammerverhandlung, Urteilsabsetzung und -kontrolle sowie einige kleinere Arbeitsaufwände dazwischen. Fristsetzungen durch das Gesetz und richterlich gesetzte Ausschlußfristen beeinflussen nur den Zeitraum, über den die einzelnen Arbeitsschritte verteilt werden in der Weise, daß Prozeßbevollmächtigte und Parteien nicht allzu viel Zeit von Schritt zu Schritt verstreichen lassen können. Unterschiedliche Handhabungen können also bei Richtern mit gleicher

Gesamtarbeitsleistung ohne weiteres dazu führen, daß der eine Richter — hier seien wieder Modellzahlen „gegriffen" — regelmäßige Prozeßlängen von 3 Monaten erreicht, während der andere Richter regelmäßig 9 Monate Abstand zwischen dem ersten Arbeitsschritt, der Lektüre der Klagschrift und dem letzten Arbeitsschritt, dem Unterzeichnen des Urteils, ins Land ziehen läßt.

Die Prozeßrechtsnormen geben insofern keine handlungsleitende Struktur vor, die bestimmte Verfahrenslängen erzwängen oder auch nur thematisierten. Die gesetzlich vorhandenen Fristen betreffen einzelne Aspekte und ergeben kein geschlossenes Konzept für die Verfahrenslänge; insbesondere fehlt in diesem Zusammenhang auch jede Zeitvorgabe für den Richter, z. B. hinsichtlich der Abfassung eines Beweisbeschlusses. Für das Zivilprozeßverfahren ist dieser Umstand namentlich hinsichtlich der früher üblichen vielfachen Terminierungen derselben Sache diskutiert worden.

Es ist also so, daß es keine mathematische oder empirische Gesetzmäßigkeit gibt, durch die einerseits die Dauer des Einzelverfahrens und andererseits die gesamte Erledigungsleistung des Richters in Zusammenhang gebracht würde. Die Art der Abhängigkeit dieser beiden Größen voneinander ist unbekannt und läßt sich auch durch weitere Nachdenken oder weitere Empirie nicht aufklären. Dieser Sachverhalt soll noch kurz durch zwei weitere Hinweise näher erläutert werden, da er in öffentlichen Diskussionen häufig verkannt wird.

Der erste Hinweis betrifft die mögliche Untergrenze von Verfahrenslängen. Es wäre vorstellbar, die Minimalzeit eines Prozesses durch Einlassungsfristen, Zustellungszeiträume, Ladungsfristen und dergleichen modellhaft festzulegen. Es verbliebe als Unsicherheitsquelle das Verhalten der Parteien, die z. B. Rechtsmittel einlegen oder nicht einlegen können — eine Frage, die übrigens sicherlich interne Zusammenhänge mit der Dauer des Verfahrens in der Eingangsinstanz hat. Es gibt aber eine längere Reihe von „Verzögerungs"-Quellen, die in der Realität auftreten, ohne daß man deswegen irgendwem einen Vorwurf machen könnte. Zu denken ist namentlich an Zeiten, die für die Erarbeitung von Gutachten gebraucht werden, Urlaube und Krankheiten der Richter und anderen Verfahrensbeteiligten etc. Diese realen Gegebenheiten bestimmen erst abschließend, was als minimale durchschnittliche Verfahrenslänge überhaupt erreichbar ist. In der gesamten Literatur wird die Frage der realistischerweise erreichbaren Verfahrenskürze allerdings nicht substantiiert behandelt. So darf nicht verwundern, wenn ein Freund der allseitigen Kommunikation in Prozessen bereits „Überbeschleunigung" befürchtet[1]. Wo der Maßstab fehlt, kann man auch

[1] *Rasehorn*, ZRP 1980, S. 7 f.

nicht genau sagen, wann Überbeschleunigung eintritt — gesetzliche und richterliche Fristen von einer Woche sind z. B. als unrealistisch kurz angegriffen worden[2].

Der zweite Hinweis geht dahin, daß sich die Verlängerung von Verfahren spiegelbildlich zur Kürzung durch Umdisposition verhält. Auch hier ist kein exakter mathematischer Zusammenhang zwischen Gesamtarbeitsleistung und Verfahrenslänge feststellbar, der in die Form eines naturwissenschaftlichen Gesetzes gebracht werden könnte. Man kann sich das wieder an dem oben eingeführten Modell verdeutlichen, wenn man die weitere Modellannahme hinzunimmt, daß die Belastung des Dezernats um 225 Fälle im Jahr steige. Es ergeben sich dann folgende drei sehr unterschiedliche Möglichkeiten:

— der Richter arbeitet pro Woche 60 Stunden und die Verfahrensdauer bleibt dieselbe;

— der Richter erledigt mit 40 Stunden Arbeit pro Woche über die ganze Periode der Monate und Jahre hinweg fortan 15 Prozesse, d. h. er investiert pro Prozeß nur noch 2/3 des bisherigen Arbeitseinsatzes;

— der Richter kann auch seine Arbeitszeit pro Woche und den absoluten Arbeitszeiteinsatz pro Prozeß konstant halten.

Im letzteren Fall wird er gezwungen sein, neu eingehende Sachen zu verschieben und effektiv einige Zeit unbearbeitet zu lassen mit der Folge, daß während der Wartezeit eingegangener Sachen bereits immer weitere Sachen neu eingehen und sich binnen kurzem eine Warteschlange von erheblicher Länge bildet; wie viele Verfahren die Warteschlange umfaßt und welche Wartezeit für das konkrete Einzelverfahren ohne jeden Arbeitseinsatz des Richters für dieses Verfahren verbraucht wird, hängt allein von der Zeitdauer der Überlastung ab — und es gibt prinzipiell kein Ende —.

In Zeiten zunehmender Arbeitsbelastung werden faktisch alle drei Möglichkeiten genutzt. Für den Zivilprozeß hat Kniffka[3] das folgende festgestellt: Für 1971—1980 ergibt sich zunächst, daß die Dauer der Verfahren von 1971—1974 kürzer waren als 1979; erst nach 1974 erfolgt ein steiler Anstieg, der parallel mit einer Zunahme des Geschäftsanfalls verläuft. Nach einer Zwischenphase sinkenden Geschäftsanfalls und abnehmender Dauer zeigt sich jedoch gerade in der letzten Zeit, daß trotz wieder steigenden Geschäftsanfalls die Dauer noch weiter zurückgeht. Es bleibt völlig offen, ob dies auf geringeren Zeiteinsatz pro Einzelprozeß, z. B. durch knappere Urteile, auf höhere Wochenarbeitszeiten oder auf geschicktere Handhabung von Fristensetzungen zurückgeht;

---

[2] Vgl. *Ostler*, ZRP 1981, S. 59; *Bartsch*, ZRP 1981, S. 152 und *v. Selzam*, ZRP 1981, S. 200.

[3] *Kniffka*, DRiZ 1982, S. 17.

jedenfalls ist der ziffernmäßige Zusammenhang unklar, und Kniffka hat als Gesamteindruck[4] formuliert, daß der Grenzwert bei der Dauer der Verfahren nach unten bald erreicht ist. Angaben, die einen qualitativ anderen Standard der Präzision haben, sind offenbar auch mit dem großen empirischen Arbeitsaufwand nicht zu erreichen, auf dessen Basis Kniffka berichtet hat[5].

Als gesetzgeberisch einsetzbares Mittel, die Prozeßbeteiligten zu einem zeitlich dichteren Arbeitseinsatz für den Einzelprozeß zu bewegen, kommen zuerst die gesetzlichen Fristsetzungen in Betracht. Sie können sich an Parteien oder Prozeßbevollmächtigte richten (z. B. §§ 56 Abs. 1 S. 2 Ziff. 1, 61 a Abs. 4 ArbGG) oder auch an den Richter. Die Geschichte der Fristen für richterliches Handeln (z. B. §§ 216 a. F., 310 a. F. ZPO) wie auch der jetzige § 60 a Abs. 4 ArbGG zeigen das Dilemma und die Grenzen dessen, was realistischerweise gesetzgeberisch versucht werden kann. Es gibt keine Sanktionen innerprozessualer Art, die den Richter dazu bringen könnten, Fristen einzuhalten. Ein realistischer Gesetzgeber muß daher ein gestuftes Programm von Ausnahmen und womöglich der Ausnahmen von Ausnahmen etablieren. Externe Sanktionen, wie z. B. Dienstaufsichtsmaßnahmen, scheiden bei der generellen Überlastung der Justiz als sinnvolles Mittel aus.

Fristen, die gesetzlich unabhängig von Einzelverfahren angesetzt werden, können nur so vorsichtig und unspezifisch vorgesehen werden, daß von ihnen keine große Wirkung zu erhoffen ist. Deshalb richtet sich bekanntlich das Interesse der Fachöffentlichkeit stark auf fallspezifisch vom Richter gesetzte Fristen, die für die Parteien und Anwälte mit der Sanktion der Präklusion verbunden sind. Sie soll weiterhin allein analysiert werden.

3.2 Das Prinzip von Präklusion als Beschleunigungsmittel

Die Mechanik der Präklusion als Beschleunigungsmittel wird häufig nicht präzise dargestellt. Die Einschätzungsschwierigkeiten der Beschleunigungseffizienz hängen aber von der relativen Kompliziertheit jener Mechanik ab. Präklusion kann als Beschleunigungsmittel funktionieren, wenn eine Basisvoraussetzung erfüllt ist: Die Entscheidung über die Rechtsfrage, ob und mit welchem Effekt Fristen gesetzt werden dürfen und wie weit der Ausschluß von Tatsachenvortrag reicht, darf nicht mehr Zeit verbrauchen als der Prozeß ohne Einsatz des Disziplinierungsmittels gebraucht hätte. Eine Beschleunigung, die erkauft

---

[4] Ebd.

[5] Ebd., S. 13 m. w. N.

wäre durch erhöhten Arbeitseinsatz des Richters für schwierige Rechtsfragen, könnte auch im direkten Einsatz für materiell richtige Beweisbeschlüsse und Urteile eintreten und müßte den Umweg über das problematische Mittel der Präklusion nehmen.

Für die Hauptmasse der Fälle hofft man, daß die Zusatzarbeit für die Entscheidung der Präklusionsfragen selbst vernachlässigt werden kann sowie, daß die Wirkung im Sinne der oben vorgeführten Modellrechnung eintritt: Es wird alles das vorgetragen, was sonst vorgetragen worden wäre, nur schneller im zeitlichen Zusammenhang. Dies ist übrigens eine besondere Schwierigkeit von Gesetzen, in denen nur eine allgemeine Prozeßförderungspflicht konstituiert wird, oder in denen ein „rechtzeitiger" oder „zeitiger" Vortrag von seiten der Prozeßbevollmächtigten verlangt wird. Stehen entsprechende Normen unter solchen diffusen Drohungen, dann tendieren sie teilweise dazu, unnötig viel Prozeßstoff einzuführen, dessen Verarbeitung zusätzliche und nicht ergebnisfördernde Arbeit kostet.

Faktisch setzt Beschleunigung durch Präklusion in dieser Weise einen Richter voraus, der schneller arbeiten könnte, als er es tut, und der Prozeßbevollmächtigte und Parteien dazu anhalten muß, ihm Gelegenheit zur schnellen Folge von Arbeitsschritten zu geben. Das bedeutet aber umgekehrt, daß ein Richter, der sowieso überlastet ist, schon prinzipiell mit Präklusion nicht in dieser Weise als Beschleunigungsmittel arbeiten kann. So ist auch der Ausspruch einer Arbeitsrichterin zu verstehen, daß sie gern durch gezielte Fristsetzungen Prozesse beschleunigte, wenn sie nur mehr Zeit hätte.

Es gibt noch einen anders gearteten denkbaren Beschleunigungseffekt von Präklusionsregeln. Man kann annehmen, daß ein Teil der gesetzten Fristen versäumt wird und daß der dann eintretende Ausschluß von Angriffs- und Verteidigungsmitteln entlastet und ein schnelleres Ende des Prozesses möglich macht. Diese Grundüberlegung ist in den Text des § 296 ZPO in der Art und Weise integriert, daß der Ausschluß nur erfolgen soll, wenn ein Beschleunigungseffekt eintritt. Die Regelung teilt aber für das Einzelverfahren die prinzipielle Unsicherheit, die für den gesamten Wirkungsmechanismus zu konstatieren ist: Ob die Sach- und Rechtsfragen des Prozesses auf der Basis des reduzierten Sachverhalts schneller zu entscheiden sind, verlangt eine Prognose, die schon im Einzelprozeß schwierig sein kann. Jedenfalls ist es zunächst nur eine Alltagstheorie, daß Prozesse mit weniger Vortrag einfacher sein müßten. Es gibt gegenläufige Wirkungen; z. B. wird der Richter, der den ausgeschlossenen vollständigeren Sachverhalt kennt, beim Abfassen eines materiell unrichtigen Urteils eher zögern und schwanken und damit nicht zupackend arbeiten. Dieser Überlegung wird man möglicherweise wiederum entgegenhalten müssen, daß Richter im wesentlichen dann präkludieren, wenn sie Prozeßverlauf und gerechtes Prozeßende prognostizieren zu können meinen.

Man sieht nach allem, daß die Wirkungsmechanismen von Präklusionen mit einigen prinzipiellen Ungewißheiten belastet sind. Daher ist es unabdingbar, vor einer Einschätzung der Präklusion als Beschleunigungsmittel die Bewährung der einschlägigen Elemente der Beschleunigungsnovelle erst näher zu beleuchten.

3.3 Inhalt und Realität der neueren Präklusionsregeln

Die Vorschriften über die Zurückweisung von verspätetem Parteivortag sind eine Handhabe, auf säumigen Vortrag einer Partei mit der Sanktion eines Ausschlusses dieses Vortrages zu reagieren. Die Fragen der verfassungsrechtlichen Zulässigkeit derartiger Präklusionsregeln in einfachgesetzlichen Prozeßordnungen, die Rahmenbedingungen ihrer Verschärfung bzw. Erleichterung durch den Gesetzgeber sowie die Frage eines Verfassungsverstoßes bei fehlerhafter Anwendung dieser Regeln im Lichte der Rechtsprechung des Bundesverfassungsgerichtes wurden oben in Abschnitt 2.5 ausführlich erörtert.

3.3.1 Zur Entstehung der Neuregelungen und ihre erste Einschätzung durch die Praxis

Die Regelungen in den Prozeßordnungen wurden durch die Beschleunigungsnovelle zur ZPO von 1977 und durch die Arbeitsgerichtsgesetznovelle von 1979 erheblich verschärft. Diese Abschnitte der Novellen werden allgemein als besonders problematische Teile angesehen[6].

Die gesetzlichen Regelungen enthalten eine Reihe von Unstimmigkeiten, die im Einzelfall in der Praxis zu fast paradoxen Ergebnissen führen können. Trotz einer ganzen Serie von höchstrichterlichen Entscheidungen — sogar das Bundesverfassungsgericht mußte sich recht schnell und wiederholt mit diesem neuen Normenkomplex beschäftigen[7] — herrscht über ihren präzisen Inhalt nach wie vor keine Gewißheit. Es bietet sich das Bild eines komplexen Normgefüges mit einer Reihe von kontrovers diskutierten Fragen und einer sehr dynamischen Veränderungstendenz. Genaue empirische Untersuchungen über die Implementation dieser Normen, ihre tatsächlichen Auswirkungen auf das alltäglich in der Praxis angewendete Verfahren sind derzeit noch

---

[6] Vgl. die weiteren Nachweise in diesem Abschnitt.

[7] Vgl. dazu oben Abschnitt 2.5 mit Nachweisen.

nicht vorhanden. Die immer wieder auch literarisch geäußerten Praktikererfahrungen (diese Normen hätten zwar bei den Richtern viele Hoffnungen und bei den Anwälten viele Befürchtungen, in der täglichen Praxis aber kaum Wirkungen ausgelöst) verwundern angesichts der Qualität der Regelungen nicht, sondern klingen plausibel.

In den Kommissionsberatungen für die Gesetzesentwürfe war zunächst die Linie verfolgt worden, generell eine über Rechtsmittel erzwingbare Mußvorschrift einzuführen, wonach bei einfachem Verschulden der verspätet Vortragende sich zur Vermeidung der Präklusion entschuldigen können müsse. Schon in den weiteren Entwürfen zur ZPO-Novelle, auf die dem Grundsatz nach auch die arbeitsgerichtsgesetzliche Regelung fußt, wurden aber die Präklusionsregeln immer weiter abgeschwächt. Der Konflikt zwischen der materiellen Gerechtigkeit und der Schleunigkeit des Verfahrens wurde immer stärker in die Richtung einer Betonung der Sachaufklärung verschoben und brachte das komplizierte System der heute Gesetz gewordenen erstinstanzlichen Regelungen und der noch differenzierteren und in sich auch nicht konsistenten zweitinstanzlichen Folgevorschriften[8].

Franzki, Präsident des OLG Celle, berichtet[9], daß die erweiterte Präklusionsmöglichkeit des § 296 ZPO in der Praxis zwar begrüßt werde, daß von ihr bisher jedoch nur äußerst zurückhaltend Gebrauch gemacht werde: Die Richter meinten, die Regelung sei einerseits so kompliziert und unübersichtlich und andererseits in den entscheidenden Punkten doch so aufgeweicht, daß sich an der alten Praxis nicht viel ändern werde[10]. Der ZPO-Kommentator Hartmann richtete schon ein Jahr nach Einführung der ZPO-Novelle einen vehementen Appell auf Anwendung dieser Vorschriften an die Richterschaft, da aufgrund seiner Beobachtungen nach einer kurzen Phase der Aufgeschlossenheit schon innerhalb dieser kurzen Jahresfrist „der alte Schlendrian zurückgekehrt"[11] sei. Andere haben sich diesen Äußerungen angeschlossen oder haben ähnliche Erfahrungen berichtet[12]. Hier wären die allgemein geforderten Korrekturen durch den Gesetzgeber in der Tat dringend erforderlich[13].

---

[8] Dazu sogleich; vgl. auch die Zusammenstellung der Ungereimtheiten bei *Schneider*, NJW 1980, S. 947.

[9] *Franzki*, NJW 1979, S. 12.

[10] Ebd.

[11] *Hartmann*, NJW 1978, S. 1457.

[12] Etwa *Lange*, DRiZ 1980, S. 408; vgl. zuletzt *Hermisson*, NJW 1983, S. 2229, der die zunehmende Unübersichtlichkeit dieses Gebiets und die unzureichende Aufarbeitung der zahlreichen Rechtsprechung etwa in den gängigen Kommentaren beklagt.

[13] *Deubner*, NJW 1978, S. 355; *Franzki*, NJW 1979, S. 13; *Dütz*, RdA 1980, S. 94; ausführlich dazu *Baumbach / Lauterbach / Albers / Hartmann*, ZPO, § 528

3.3.2 Das erstinstanzliche Präklusionsrecht

Die arbeitsprozeßrechtliche Regelung der erstinstanzlichen Präklusionsmöglichkeiten findet sich in § 56 Abs. 2 ArbGG sowie wegen der besonderen Prozeßförderung im Kündigungsschutzverfahren in § 61 a Abs. 5 und 6 ArbGG. Beide Normen tragen der eingeschränkten Möglichkeit zu Fristsetzungen im arbeitsgerichtlichen Verfahren im Vergleich zum allgemeinen Zivilprozeß Rechnung: für einen Rückgriff auf § 296 Abs. 1 ZPO, der allgemein die Zurückweisung im Falle der Versäumung einer bei der Vorbereitung der streitigen Verhandlung gesetzten Frist regelt, ist daneben deshalb im arbeitsrechtlichen Verfahren gemäß § 46 Abs. 2 Satz 2 ArbGG kein Raum[14].

Schwierigkeiten und in der Folge eine gewisse Zurückhaltung in der Anwendung dieser Vorschriften ergeben sich aus der höchstrichterlichen Rechtsprechung, nach der eine ordnungsgemäße und wirksame Fristsetzung vorliegen muß, d. h. also auch eine formal ordnungsgemäße Fristsetzung, etwa die Zustellung einer vom zuständigen Richter unterzeichneten und nicht nur paraphierten Verfügung, die in beglaubigter Abschrift übergeben werden muß[15]. Das Ladungsformular darf nicht irreführend sein[16]. Die Frist muß weiter ausreichend lang bemessen sein[17] und klar und verständlich sein[18]; dabei darf Vorbringen nur zurückgewiesen werden, wenn bei der Fristsetzung die klärungsbedürftigen Punkte vom Arbeitsgericht im einzelnen genau bezeichnet wurden[19]. Über die Folgen der Fristversäumung müssen die Parteien nach § 56 Abs. 2 Satz 2 ArbGG genau belehrt worden sein, was nach der Rechtsprechung des Bundesverfassungsgerichts voraussetzt, daß dem Bürger in einer verständlichen Sprache die nachteiligen Folgen einer Nichteinhaltung der Frist klargemacht werden müssen[20]. Fristsetzungen nach den ZPO-Vorschriften über den frühen ersten Termin und das schriftliche Verfahren gemäß §§ 275 ff. scheiden wegen § 46 Abs. 2 Satz 2 ArbGG im arbeitsgerichtlichen Verfahren aus[21].

Anm. 4 A m. w. N.; zum frühen ersten Termin vgl. die Einschränkungen durch BVerfG, NJW 1985, S. 1149 f.

[14] Herrschende Meinung, vgl. statt aller *Grunsky*, ArbGG, § 57 Rdnr. 5; deshalb kommt es hier auch nicht auf entsprechende Einschränkungen der verfassungsrechtlichen Rspr. an, wie BVerfG, NJW 1985, S. 1149 f. und 1150 f.

[15] Vgl. BGH, NJW 1980, S. 1960.

[16] BVerfGE 60, 1, 6, auch OLG Oldenburg, NJW 1980, S. 295 mit Anmerkung von *Deubner*.

[17] BVerfGE 59, 330.

[18] BVerfGE 60, 1, 6, BGH, NJW 1981, S. 232.

[19] BAG AP Nr. 1 zu § 56 ArbGG 1979.

[20] Vgl. BVerfG 60, 1, 6; ebenso BGH, NJW 1983, S. 822; zu eng *Grunsky*, ArbGG, § 56 Anm. 7, der diese Belehrungspflicht nur bei gesetzlicher Normierung wie im Arbeitsgerichtsgesetz gelten lassen will.

Nicht durch die Arbeitsgerichts-Novelle geregelt und heute — nach zwischenzeitlichem Streit — wohl allgemein anerkannt ist, daß eine Zurückweisung verspäteten Vorbringens wegen Verstoßes gegen die allgemeine Prozeßförderungspflicht gemäß § 282 Abs. 1 ZPO in Verbindung mit § 296 Abs. 2 ZPO im Ermessen des Gerichts wie im Zivilprozeß auch im Arbeitsgerichtsprozeß zulässig ist[22]. Im einzelnen ergeben sich hier verschiedene Konkretisierungsschwierigkeiten für das arbeitsgerichtliche Verfahren, etwa die Frage, was in erstinstanzlichen Verfahren ohne Anwalt an Anforderungen an die Pflicht zur sorgfältigen Prozeßführung im Sinne von § 282 Abs. 2 zu verstehen ist. Bei der recht rigiden Rechtsprechung des Bundesverfassungsgerichts zur Verletzung des rechtlichen Gehörs durch fehlerhafte Anwendung der Präklusionsvorschriften, beispielsweise durch nicht rechtzeitige Aufklärung oder ordnungsgemäße Belehrung über die Präklusionsfolgen[23] ist hier eine gewisse Scheu in der Handhabung durch die Gerichte nur zu verständlich und im übrigen wohl auch erforderlich und anzuraten.

3.3.3 Noven- und Präklusionsrecht zweiter Instanz

Regelungen über die Zulassung neuer Angriffs- und Verteidigungsmittel im Berufungsverfahren finden sich in § 67 ArbGG. Diese Bestimmungen betreffen ausdrücklich nur neues Vorbringen, wobei sich die Neuheit des Vorbringens gemäß § 314 ZPO anhand des erstinstanzlichen Tatbestandes feststellen läßt[24]. Bei abgekürzten Urteilen wird — soweit die Problematik erkannt wird — befürwortet, diese Abgrenzung gemäß § 313 Abs. 2 ZPO anhand des Tatbestandes inklusive der urteilsmäßig in bezug genommenen Schriftstücke zu treffen[25].

§ 67 Abs. 1 ArbGG betrifft dabei drei Fallgruppen, in denen das neue Vorbringen durch Versäumnis der Partei erstinstanzlich nicht rechtzeitig in den Prozeß eingeführt wurde. In den Sätzen 1 und 2 des § 67

[21] Ganz h. M.; *Grunsky*, § 57 Anm. 4; Einwände nur bei *Philippsen / Schmidt / Schäfer / Busch*, Beschleunigungsnovelle zum Arbeitsgerichtsgesetz 1979, § 56 Rdnr. 13; gegen eine Anwendbarkeit der Klagerwiderungsfrist nach §§ 275 Abs. 2 und 3, 277 Abs. 3 ZPO ebenfalls BAG AP Nr. 1 zu § 56 ArbGG 1979. Damit ist für das ArbGG auch die einschränkende Rspr. des BVerfG nicht einschlägig, vgl. zuletzt BVerfG, NJW 1985, S. 1149 f.

[22] Zu den Voraussetzungen vgl. *Baumbach / Lauterbach / Albers / Hartmann*, ZPO, § 296 Anm. 3; zu den speziellen Anforderungen im arbeitsgerichtlichen Prozeß z. T. in Verbindung mit § 129 Abs. 2 ZPO vgl. *Grunsky*, ArbGG, § 57 Rdnr. 4; *Wenzel*, AuR 1977, S. 261; *Dütz*, RdA 1980, S. 88, 94; *Stahlhacke*, RdA 1979, S. 401 und *Grunsky*, JZ 1977, S. 204.

[23] s. oben Fn. 22.

[24] Ganz h. M., vgl. BAGE 8, S. 156; *Grunsky*, ArbGG, § 67 Rdnr. 1; *Dütz*, RdA 1980, S. 94.

[25] *Dütz*, RdA 1980, S. 94.

Abs. 1 ArbGG wird dabei in der Folge der oben besprochenen Präklusionsregelungen erster Instanz die Zulassung neuer Angriffs- und Verteidigungsmittel für den Fall geregelt, daß das Vorbringen entgegen einer nach § 56 ArbGG oder im Kündigungsschutzprozeß nach § 61 a ArbGG vom Gericht gesetzten Frist nicht eingebracht wurde. Die Zulassung ist ins Ermessen des Gerichts gestellt, wenn nach seiner freien Überzeugung keine Verzögerung eintritt oder diese Verzögerung genügend entschuldigt werden kann. Erstinstanzliche Verstöße gegen die allgemeine Prozeßförderungspflicht, für deren präklusionsweise Sanktionierung in der ersten Instanz das Arbeitsgerichtsgesetz selbst keinerlei Spezialregelungen enthielt, werden durch § 67 Abs. 1 Satz 2 durch eine Verweisung auf § 528 Abs. 2 ZPO wie im allgemeinen Zivilprozeß behandelt. Gleiches gilt für die dritte Fallgruppe erstinstanzlicher Versäumnisse einer Partei, nämlich für die Fälle der erstinstanzlich erfolgten Zurückweisung, für die auf die Regelung in § 528 Abs. 3 ZPO verwiesen wird.

§ 67 Abs. 2 ArbGG regelt demgegenüber die ganz anders gelagerte Frage, wann denn nun innerhalb der Berufungsinstanz zulässige neue Angriffs- und Verteidigungsmittel der Partei spätestens vorgebracht werden müssen. Die Regelung ist schärfer als im Zivilprozeß, wo zwar ebenfalls das neue Vorbringen in der Berufungsbegründung (vgl. §§ 527, 519 Abs. 3 Nr. 2 ZPO) enthalten sein muß, aber § 67 Abs. 2 ArbGG verlangt einen solchen vollständigen und konzentrierten Vortrag aller neuen Angriffs- und Verteidigungsmittel auch vom Berufungsbeklagten in seiner nach § 66 Abs. 1 ArbGG vorgeschriebenen und fristgebundenen Berufungsbeantwortung. Ein späterer Vortragszeitpunkt ist danach nur zulässig, wenn das Vorbringen erst später entstanden ist oder wenn nach der ermessensgebundenen Entscheidung des Gerichts eine Verzögerung nicht eintritt oder eine entschuldigte Verspätung vorliegt.

Die Schwierigkeiten mit dieser komplizierten Regelung und ihre praktischen Abgrenzungsprobleme haben schnell einen Streit mit unterschiedlichsten Lösungsvorschlägen entstehen lassen. Zunächst dürfte mittlerweile geklärt sein, daß das Präklusions- und Novenrecht auf unstreitigen Vortrag nicht anwendbar sein kann, da dieser mangels Beweisbedürftigkeit keine Verzögerung verursachen kann[26]. Kann sich dabei die andere Prozeßpartei auf neues Vorbringen im Verhandlungstermin nicht sofort erklären, so ist dieser Partei eine Schriftsatzfrist zu gewähren und die Frage der Präklusion stellt sich erst nach einem Bestreiten dieser Partei im nachgelassenen Schriftsatz[27].

---

[26] Vgl. so schon BAG AP Nr. 82 zu § 611 BGB-Urlaubsrecht, zum alten § 67 Abs. 1 ArbGG.

Nach wie vor heftig umstritten ist aber die Frage der Voraussetzungen einer Verzögerung des Rechtsstreits. Einigkeit besteht wohl nur dahingehend, daß eine Zurückweisung nicht erfolgen kann, solange das Landesarbeitsgericht durch eine entsprechende Verfahrensgestaltung Verzögerungen vermeiden kann[28]. Nach wie vor ist aber streitig, ob die Verzögerung allein aufgrund der prozessualen Lage zur Zeit des neuen Vorbringens zu beurteilen ist, ob also der Rechtsstreit bei Zulassung dieses neuen Vorbringens länger dauern würde[29]. Im Gegensatz zu diesem sogenannten absoluten Verzögerungsbegriff des BGH vertritt eine Gegenmeinung einen sogenannten hypothetischen Verzögerungsbegriff, nach dem eine Verzögerung nur dann vorliegt, wenn die Instanz bei einem rechtzeitigen Vorbringen früher beendet wäre. Hier ist die in der Praxis wohl häufig schwierig zu beantwortende hypothetische Frage zu klären, wie lange der Prozeß bei einem anderen Verlauf gedauert hätte[30].

Auch bei der Entschuldigung ist vieles streitig, etwa die Frage des Maßstabes oder inwiefern das Gericht entsprechende Hinweise geben muß[31]. Nicht zuletzt tauchen bei der zweitinstanzlichen Beurteilung eines erstinstanzlichen Verstoßes gegen die allgemeine Prozeßförderungspflicht bei §§ 67 Abs. 1 Satz 3 ArbGG, 528 Abs. 2 ZPO in Verbindung mit §§ 296 Abs. 2, 282 ZPO, die oben bei der erstinstanzlichen Präklusion besprochenen Schwierigkeiten einer Konkretisierung dieser Förderungspflichten speziell für das arbeitsgerichtliche Verfahren auf.

Gänzlich inkonsistent ist zuletzt das Verhältnis der anderen Regeln des Novenrechts zu §§ 67 Abs. 1 Satz 3 ArbGG, 529 Abs. 3 ZPO. Danach bleibt ein nach den erstinstanzlichen Präklusionsvorschriften ausgeschlossenes Vorbringen auch im Berufungsverfahren vor dem Landesarbeitsgericht ausgeschlossen, und zwar ohne Rücksicht darauf, ob durch seine Zulassung eine Verzögerung des Berufungsverfahrens eintreten wird oder nicht. Hingegen könnte bei einem erstinstanzlich noch nicht

---

27 Inzwischen wohl h. M., vgl. BVerfG, NJW 1981, S. 271; BGH, NJW 1980, S. 945; KG, NJW 1983, S. 580.

28 BAG AP Nr. 25 zu § 74 HGB, BAG AP Nr. 5 zu § 529 ZPO; BGHZ 75, S. 138.

29 So BGH, NJW 1979, S. 1988; NJW 1980, S. 945; NJW 1980, S. 1960; NJW 1983, S. 575; st. Rspr.; ebenso *Baumbach / Lauterbach / Albers / Hartmann*, ZPO, § 296 Anm. C b aa, m. a. N.; *Franzki*, NJW 1979, S. 13; *Overrath*, DRiZ 1980, S. 254.

30 So OLG Frankfurt, NJW 1979, S. 1715 m. a. N.; OLG Hamm, NJW 1979, S. 1717; *Rosenberg / Schwab*, Zivilprozeßrecht, § 69 II 1 a; *Thomas-Putzo*, ZPO, § 296, Anm. 2 a; *Schumann*, ZZP 96, S. 208; *Bischof*, MDR 1981, S. 790; *Schneider*, NJW 1980, S. 947 und *Büchel*, NJW 1979, S. 950.

31 Vgl. dazu BGH, NJW 1983, 575, 577; *Leipold*, ZZP 93, S. 246; *Hermisson*, NJW 1983, S. 2233 sowie *Baumbach / Lauterbach / Albers / Hartmann*, ZPO, Anm. C b bb.

ausgeschlossenen Vorbringen eine Zurückweisung dieses neuen Vorbringens entweder bei Fristsetzung gemäß § 67 Abs. 1 Satz 1 und 3 ArbGG erfolgen oder in den sonstigen Fällen, bei Verstoß gegen die allgemeine Prozeßförderungspflicht, gemäß §§ 67 Abs. 1 Satz 3 ArbGG, 528 Abs. 2, 296 Abs. 2, 282 ZPO erst bei vom Landesarbeitsgericht festzustellender Verzögerung des Berufungsverfahrens. Damit wird die sogenannte Flucht in die Berufung als eine Reaktion der Parteien auf drohenden Ausschluß von Vorbringen wegen Verspätung nach dem Präklusions- oder dem Novenrecht ermöglicht. Da sich der beabsichtigte Beschleunigungseffekt der Präklusionsvorschriften evtl. ins Gegenteil verkehren kann, sollen die Reaktionsmöglichkeiten der Parteien anschließend hier noch kurz betrachtet werden.

3.3.4 Die Flucht in die Widerklage, die Säumnis oder die Berufung

Die *Flucht in die Widerklage* bezeichnet den Sachverhalt, daß nach ganz einhelliger Ansicht das Präklusions- und Novenrecht des Arbeitsgerichtsgesetzes (wie der ZPO) nur Angriffs- und Verteidigungsmittel betrifft, die sich auf das Verfahren hinsichtlich der geltend gemachten Anträge beziehen, also insbesondere das Bestreiten, das Behaupten, den Vortrag von Einwendungen oder die Angabe von Beweismitteln. Nicht mehr als Angriffs- oder als Verteidigungsmittel wird aber der Angriff selbst qualifiziert, also insbesondere die Widerklage, die Klageänderung oder die Aufrechnung.

Diese selbständigen Angriffe, die nach allgemeinen Grundsätzen bis zum Schluß der mündlichen Verhandlung und in den Grenzen des § 530 ZPO auch in der Berufungsinstanz zulässig sind, unterliegen der Prozeßförderungspflicht (und damit dem Präklusions- und Novenrecht) erst ab dem Zeitpunkt ihrer Geltendmachung im Prozeß. Bis zu diesem Zeitpunkt ist neues Vorbringen unbegrenzt zulässig[32]. Droht einer Partei also mit ihrem Vortrag entsprechender Ausschluß im Prozeß, so besteht die Möglichkeit, Zurückweisungsfolgen dadurch zu vermeiden, daß von dieser Partei bis zur Grenze der Sachlichkeit Klageänderungen vorgenommen werden, daß sie eine entsprechende Widerklage erhebt oder daß sie gegebenenfalls die Aufrechnung mit Gegenforderungen erklärt. In diesem Zusammenhang kann sie neuen Sachvortrag unproblematisch in den Prozeß einführen.

---

[32] Einhellige Ansicht, vgl. BGH, NJW 1981, S. 287, 1981, S. 1217, 1982, S. 1708; st. Rspr.; *Baumbach / Lauterbach / Albers / Hartmann*, ZPO, § 296 Anm. 2 A; *Grunsky*, ArbGG, § 67 Rdnr. 3, 4; *Hermisson*, NJW 1983, S. 2230; zu den Besonderheiten der Kündigungsschutzklage LAG Düsseldorf/Köln, BB 1975, S. 139.

Unter der sogenannten *Flucht in die Säumnis* versteht man, daß eine Partei bei drohenden Präklusionsfolgen ihren verspäteten Vortrag nicht in den Prozeß einführt, sondern den nächsten Termin zur mündlichen Verhandlung abwartet und dann (etwa durch Nichtverhandeln mangels Antragsstellung, § 333 ZPO, oder gar Nichterscheinen) Versäumnisurteil gegen sich ergehen läßt. Gegen dieses Versäumnisurteil kann nun gemäß §§ 338 ff. ZPO Widerspruch eingelegt werden, wobei nach § 340 Abs. 3 ZPO die Partei in der Einspruchsschrift ihre Angriffs- und Verteidigungsmittel sämtlich vorzubringen hat.

Für diese Fälle ist es nun ganz einhellige Meinung, daß es für die Frage, ob eine Verzögerung eintritt, auf den Einspruchstermin ankommt und nicht auf den versäumten Verhandlungstermin[33]. Das Gericht ist dabei gehalten, den Einspruchstermin so vorzubereiten, daß Verzögerungen und damit die Zurückweisung dieses erst mit der Einspruchsfrist neu eingeführte Vorbringen vermieden werden. Als Sanktion kommen zivilprozessual für die Partei damit nur Kostenfolgen, die vorläufige Vollstreckbarkeit von Versäumnisurteilen sowie in begrenzten Fällen die Möglichkeit zur Entscheidung nach Lage der Akten gemäß § 331 a ZPO in Betracht. Wegen der sehr kurzen Frist des § 59 ArbGG dürfte die Flucht in die Säumnis im arbeitsgerichtlichen Verfahren eine untergeordnete Rolle spielen.

Die *Flucht in die Berufung*, die durch die unsystematische Privilegierung überhaupt nicht vorgetragener Angriffs- und Verteidigungsmittel gegenüber solchen in der ersten Instanz nur verspätet vorgetragenen Mitteln ermöglicht wird, wurde schon kurz angesprochen. Nach der Rechtsprechung ist § 528 Abs. 3 ZPO grundgesetzkonform[34]. Die ständige Rechtsprechung lehnt weiter auch eine analoge Anwendung des § 528 Abs. 3 ZPO in den Fällen ab, in denen eine Partei erstinstanzliches Vorbringen bewußt zur Vermeidung der Präklusionsfolge des § 528 Abs. 3 ZPO zurückhält[35], da die Präklusionsvorschriften als Ausnahmevorschriften zu dem Grundprinzip eines Berufungsverfahrens als einer umfassenden zweiten Instanz auch hinsichtlich der Sachverhaltsermittlung grundsätzlich nicht analogiefähig seien. Als Sanktion für eine solche Flucht in die Berufung ergeben sich daher insbesondere die Kostenfolgen oder die vorläufige Vollstreckbarkeit des erstinstanzlichen Urteils.

Im Arbeitsgerichtsverfahren dürfte sich diese Flucht in die Berufung (anders als die Flucht in die Säumnis) in der Praxis — allerdings ab-

[33] Vgl. insbesondere BGH, NJW 1979, S. 1988; NJW 1980, S. 1105; 1981, S. 286; OLG Nürnberg, NJW 1978, S. 2250.

[34] BVerfGE 55, 72 ff.

[35] Vgl. neben der Entscheidung, BVerfGE 55, 72 ff. noch BGH, NJW 1979, S. 2109; 1980, S. 1105; 1981, S. 1218; dazu kritisch *Hermisson*, NJW 1983, S. 2233.

gesehen vom Bereich der Zulassungsberufung unterhalb der Wertgrenze des § 64 Abs. 2 ArbGG von 800,— DM — auch hinsichtlich langwieriger Beweisaufnahmen erfolgversprechend anwenden lassen, da sich in der Zeit zwischen Berufungseingang und Berufungsverhandlung noch eher gerichtliche Vorbereitungsmaßnahmen zur Beibringung treffen lassen (etwa Sachverständigengutachten) als in der Wochenfrist des § 59 Satz 1 ArbGG.

All diesen Fluchtmöglichkeiten ist neben der Entwertung der betreffenden Vorschriften des Präklusions- und Novenrechts erster und zweiter Instanz der Effekt eigen, daß nicht nur die mit diesen Regelungen erstrebten Effektivitätssteigerungen durch Beschleunigung und Konzentration des Verfahrens nicht eintreten, sondern daß im Gegenteil jeweils der genau umgekehrte Effekt einer gezielten Verfahrensverschleppung und Verlängerung zur Vermeidung der Präklusion eintritt.

3.4 Ergebniseinschätzung

Für die Einschätzung des Ergebnisses der vorangegangenen Analysen und Überlegungen zur Beschleunigung von arbeitsgerichtlichen Verfahren ist vor allem nötig, sich die Vielfalt der dargelegten Schwierigkeiten klarzumachen, die mit Präklusion als Rechtsinstitut verbunden sind. Wie zu sehen war, liegen diese Schwierigkeiten auf ganz verschiedenen Ebenen: Schon bei Betrachtung von Präklusion als Regelungsmodell wurde deutlich, daß die Annahme einer Beschleunigung zum Teil auf alltagstheoretischen Prämissen beruht, und daß zumindest zwei Wirkungsweisen differenziert werden müssen. Weiter haben die Anwendungsschwierigkeiten in der Folge der Beschleunigungsnovellen gezeigt, daß es außerordentlich schwierig ist, einen Gesetzestext zu entwerfen, der eine unkomplizierte Handlungsanleitung für den Praktiker liefert. Dies ist bisher nicht gelungen.

Die Praxis macht von den neueingeführten Präklusionsmöglichkeiten einen sehr zurückhaltenden und im Detail empirisch bisher nicht überprüften Gebrauch. Die Fülle der einzelnen Streitfragen ist hier wie auch für das Novenrecht in der Berufungsinstanz verwirrend. Es ist nicht abzusehen, daß die fortlaufende Entwicklung neuer juristischer Dogmatik innerhalb der nächsten Jahre zum Stillstand käme. Dagegen spricht auch schon die Verschiedenheit der befaßten Gerichte. Selbst in der Gesetzgebung hat offenbar niemand mehr die Hoffnung, einen Königsweg zur Vereinbarung der konfligierenden Interessen und Werte zu finden. Mit begründeten Stellungnahmen zu all den Einzelfragen läßt sich nur die vorhandene Literatur weiter bereichern. Der entscheidende Richter sieht sich in der Hast der Einzelprozesse dadurch nur mit einer noch längeren Literaturliste zur Entscheidung einer Einzelfrage konfrontiert. Seine Entscheidungsfähigkeit würde dadurch kaum gefördert, sondern eher weiterhin verringert.

Nach allem wird man sagen müssen, daß man den Entwicklungsprozeß der Rechtsprechung auf diesem Rechtsgebiet nicht durch dogmatische Anstrengungen oder den Einsatz weiterer Ressourcen wesentlich beschleunigen oder gar zu einem abrupten Ende bringen kann. Es wird abzuwarten sein, ob die bisherige vorsichtige Praxis noch in absehbarer Zeit einer häufigeren und effektvolleren Anwendung dieser Präkusionsregeln weichen wird. Die vorliegenden Anzeichen geben zu großen Hoffnungen keinen Anlaß.

4. Möglichkeiten einer Intensivierung richterlicher Arbeit?

4.1 Ansatzpunkt und Vorgehensweise

Ansatzpunkt des folgenden ist die Überlegung, daß eine Beschleunigung von Verfahren auch dann eintritt, wenn Richter durch intensivere Arbeit kürzere Zeit pro Einzelverfahren brauchen. Das mag für viele Richter und namentlich für viele Arbeitsrichter bei ihrer alltäglichen Arbeitsbelastung derzeit zynisch klingen, aber die Vollständigkeit der Erörterung verlangt auch Überlegungen zu diesem Punkt.

Es geht um den Sachverhalt, der umgangssprachlich mit dem geläufigen Hinweis bezeichnet wird, daß ein starker Einsatz der einzelnen Arbeitsperson vor allem von den Umständen abhänge, die Arbeitsfreude schaffen — wie umgekehrt nachlassende Leistung durch „frustrierende" Einzelgegebenheiten veranlaßt sei[1].

Fragen des Zusammenhangs von Arbeitsbedingungen und Arbeitsleistung sowie der einzelnen Faktoren der Arbeitsmotivation sind seit langem Gegenstand der betriebswirtschaftlichen Forschung.

Dies begann bei Frederik W. Taylor und seiner wissenschaftlichen Betriebsführung Anfang dieses Jahrhunderts. Sie ging von der motivationalen Doktrin aus, der Arbeiter sei immer nur am Lohn interessiert[2]. Die Reihe setzte sich fort mit den Erkenntnissen der Hawthorne-Experimente der human-relations-Bewegung in den 30er Jahren zur Relevanz der technischen Arbeitsbedingungen, der Arbeitszufriedenheit und der informellen Gruppenstrukturen für die Arbeitsintensität[3].

Heute unterscheidet man in der Personalwirtschaft zwischen sogenannten extrinsischen Motiven (zur Bedürfnissättigung außerhalb der Arbeit wie etwa der Höhe der Entlohnung) und instrinsischen Motiven zur Befriedigung von Bedürfnissen durch die Arbeit selbst, wie etwa

---

1 Vgl. hierzu schon *Henke*, ZZP 1970, S. 133 m. w. N.

2 Vgl. *Taylor*, Grundsätze, S. 18; Überblick dazu bei *Haug*, Direktion, S. 50 ff. m. w. N.

3 *Mayo*, Probleme; zum Überblick über die Ergebnisse und die sich daran anschließende Diskussion vgl. *Haug*, Direktion, S. 52 ff.; *Burisch*, Industrie- und Betriebssoziologie, S. 44 ff.; *Hentze*, Personalwirtschaftslehre, Band I, S. 133 f.

der Freude an sinnvoller Tätigkeit. Auf verhaltenstheoretischer Grundlage wurde dabei die Systematisierung der Motivationsgrundlagen und die Messung der Arbeitszufriedenheit von unterschiedlichen Ansätzen her versucht.

In der Betriebswirtschaftslehre wie wohl auch in der Organisationspsychologie am weitesten verbreitet ist die von Maslow in der Folge von klinischen Untersuchungen entwickelte Lehre einer Bedürfnispyramide. Diese umfaßt, ausgehend von der Basis der physiologischen Grundbedürfnisse (Essen, Trinken etc.) über die Sicherheitsbedürfnisse, die sozialen Bedürfnisse, die Geltungs- und Wertschätzungsbedürfnisse bis an der Spitze die auf Selbstverwirklichung bezogenen Bedürfnisse. Dabei tritt nach Maslows Erkenntnissen ein Bedürfnis dann in den Vordergrund, wenn das in der Hierarchie vorrangige Bedürfnis weitgehend befriedigt ist[4]. Eine ebenfalls weit verbreitete Systematisierung wurde dann von der sogenannten Herzberg-Schule entwickelt[5]. Hier wurden zwei Faktorengruppen analysiert, nämlich zunächst die Absicherung einer Abfolge extrinsisch orientierter Bedürfnisse, die als Hygiene-Faktoren bezeichnet werden. Ihre Nichtabsicherung führt zu eklatanter Unzufriedenheit, ihre zunehmende Erfüllung aber noch nicht zur Zufriedenheit, sondern (da als wesentliche und selbstverständliche Grundlage im Arbeitsverhältnis empfunden) zu einem mittleren Zustand, der als Nicht-Zufriedenzeit bezeichnet wird. Solche Hygiene-Faktoren sind beispielsweise Lohn, physische Arbeitssituation, Beschäftigungsrisiko, Führungsstruktur. Nur die zunehmende Befriedigung der zweiten Faktorengruppe von überwiegend intrinsisch orientierten Bedürfnissen führt zu Verschiebung auf einer Parallelskala zwischen den Zuständen einer Nicht-Zufriedenheit oder wachsender Zufriedenheit. Diese zweite Faktorengruppe der sogenannten Motivatoren umfaßt beispielsweise Erfolg, Anerkennung, Aufstiegs- und Entscheidungsmöglichkeiten, Selbstverwirklichung etc. In der Folge wurden etwa von Porter / Lawler noch ausdifferenziertere Motivationssysteme entwickelt[6] oder auch kognitive Vorgänge einbezogen, wie dies insbesondere Atkinson mit der Einbeziehung der Erwartungen, also der subjektiven Wahrscheinlichkeit der Zielerreichung zu zeigen versuchte. Danach wird Motivation dreigliedrig interpretiert — also in Abhängigkeit vom Motivationsanreiz,

---

[4] Vgl. *Maslow*, motivation and personality; popularisiert wurde diese Motivationslehre von der später sog. „behavioristischen" Managementschule in den USA, etwa *McGregor*, Mensch im Unternehmen oder Drucker, practise of management; zum Überblick vgl. *Rosenstiel / Molt / Rüttiger*, Organisationspsychologie, S. 24 ff.

[5] Vgl. dazu eingehend *Herzberg / Mausner / Snydermann*, motivation; *Herzberg*, work and the nature of man; kurzer Überblick bei *Rosenstiel*, S. 54 ff.

[6] Vgl. *Porter / Lawler*, managerial, attitudes; dazu Überblick bei *Frese*, Stichwort Personalplanung, Sp. 2944 ff.

der subjektiven Erwartung und der Intensität des Aufforderungscharakters des Motivs[7].

Ein anderes, in diesem Bereich wichtiges Untersuchungsfeld — im Anschluß an die human-relations-Bewegung, insbesondere auch der Industrie- und Betriebssoziologie[8] — liegt bei der empirischen Feststellung und Messung der Arbeitszufriedenheit bzw. der empirischen Erfassung des Verhältnisses von Arbeitszufriedenheit und Leistung[9].

Angesichts der Vielfalt der nebeneinander stehenden Ursachenzusammenhänge und der problematischen Quantifizierung kann im folgenden nicht versucht werden, in eine empirische Untersuchung möglicherweise relevanter Umstände in der Arbeitsgerichtsbarkeit einzusteigen. Es ist vielmehr nötig — aber auch ausreichend — anhand einiger Beispiele deutlich zu machen, welche Umstände überhaupt relevant sein können. Auf dieser Basis wird man zu dem Ergebnis kommen müssen, daß hier überhaupt mögliche Ressourenersparnis nicht einmal in einem guten Verhältnis auch nur zu den Mühen einer denkbaren exakten Untersuchung stände.

4.2 Umstände, die die Arbeitsintensität beeinflussen können

Die folgende kurze Aufzählung von möglicherweise relevanten Umständen betrifft ausdrücklich nicht speziell Arbeitsgerichte und möglicherweise in Einzelfragen das Arbeitsgericht in Hamburg überhaupt nicht. Es soll nur gezeigt werden, daß sich eine Vielfalt von einzelnen Einflußfaktoren finden läßt, die zueinander in unklarem Verhältnis stehen.

Die Arbeitsfreude des Richters hängt z. B. davon ab, in welchen Räumen er arbeitet, respektive wieviel Einfluß er auf die Gestaltung der Räume nehmen kann; die Art, wie die Arbeitsmittel zugänglich sind; die Frage, wie weit Robenzwang auch bei Richtern durchgesetzt wird, die dem abgeneigt sind. Das oft beschworene Betriebsklima stellt sich in unterschiedlichen Lebenszusammenhängen her: Wichtig ist nicht nur die Zusammenarbeit mit der Geschäftsstelle und den unmittelbaren Kollegen, sondern auch das Funktionieren eines ganzen Gerichts, und es gibt ein Betriebsklima zwischen den Instanzen. Die Rechtsmittelgerichte können durch Schärfe und Pedanterie im Umgang mit unterinstanzlichen Urteilen guten Willen zerstören und damit einen gewöhn-

---

[7] Vgl. *Atkinson / Cofer / Appley*, motivation; und *Atkinson*, Einführung.

[8] Dazu kurz *Haug*, Direktion, S. 49 f., 53 ff.; vgl. ausführlich *Dahrendorf*, Sozialstruktur; *Burisch*, Industrie- und Betriebssoziologie; *Hentze*, Personalwirtschaftslehre, Band II, S. 28 ff.

[9] Hierzu vgl. insbesondere *Neuberger*, Messung.

lich übersehenen Einfluß auf die nicht rechtsmittelfähigen Entscheidungen der Richter unterer Instanzen haben. Die Intensität der Arbeit wird ganz ersichtlich beeinflußt von der Möglichkeit des Richters, günstige Arbeitszeiten in der Verteilung über den Tag zu wählen. Während diese Bedingung in weiteren Grenzen[10] gewährleistet ist, sind die Möglichkeiten der Teilzeitarbeit und die reale Wahrnehmbarkeit wegen vermuteten oder gegebenen Karriereknicks noch stark beschränkt. Insofern wird man abwarten müssen, was der Lauf der nächsten Monate und Jahre an gesetzgeberischen Neuerungen und an Bewußtseinswandel, insbesondere bei männlichen Richtern und Dienstaufsichtspersonen bringt. Bei Arbeits- oder Amtsgerichten sind wohl in geringerem Maße als bei den übrigen Gerichten Wechsel zwischen den Kammern und Wechsel allgemeiner Zuständigkeit zu Spezialzuständigkeit, respektive Wechsel zwischen Spezialzuständigkeiten von Bedeutung; es gibt aber Spezialzuständigkeiten, deren Verteilung zu Friktionen zwischen Kollegen führen kann, die die Arbeitsfreude mindern, oder umgekehrt, deren Zuteilung zu besonderer Arbeitsintensität des betreffenden Richters führt. In solchen Einzelfragen gibt es unendlich viele Möglichkeiten, Beteiligte zu verärgern oder zu intensiverer Arbeit zu animieren[11].

Außerordentlich differenziert ist das Problem der Nebentätigkeiten. Großzügigkeit bei geringen Nebentätigkeiten kann das Engagement und z. B. die fachliche Weiterbildung steigern, während sicherlich jenseits bestimmter Grenzen in zeitlicher und sachlicher Hinsicht die Haupttätigkeit leiden kann. Das allein wäre ein Thema für sich. In diesem Zusammenhang sei auch die mögliche Entlastungswirkung erwähnt, die eintreten könnte, wenn die Übernahme des Vorsitzes in einer Einigungsstelle nicht mehr als Nebentätigkeit gälte, sondern — als vom Betriebsverfassungsgesetz vorgesehene konfliktlösende Tätigkeit — in die richterliche Arbeit integriert werden würde. Die Anrechnung auf die Arbeitszeit statt der jetzt üblichen Vergütung der Arbeitsrichter/innen und die Schaffung neuer Richterstellen mit den Mitteln aus den umgeleiteten Vergütungen könnte hier einen positiven Effekt haben.

Die Gerechtigkeit des Beurteilungswesens und die Gerechtigkeit der Beurteilung von Aufstiegschancen sind weitere Dauerthemen; generell ist plausibel, daß ungerechte Verteilung von Beurteilungen und Aufstiegen einen ganz beträchtlichen Einfluß haben. Nachprüfungen sind aber insofern besonders schwierig. Das hat sich schon an der Frage gezeigt, in welchem Umfange Besoldungshöhen und -strukturen auf die Arbeit des Richters zurückwirken. Neben dem allen steht aber noch die Frage, wieviel an direkter Befriedigung Richter/innen aus ihrer Tätigkeit

[10] Vgl. *Arndt,* DRiZ 1978, S. 300, betreffend der Abendstunden.
[11] Vgl. dazu die lustigen Lehrbeispiele von *Paehler,* DRiZ 1977, S. 86.

selbst beziehen, aus dem Gefühl also, eine nützliche soziale Aufgabe zu erfüllen. Dafür ist sicherlich auch das Bild des Richters in der Öffentlichkeit wichtig, aber entscheidend dürfte die eigene Anschauung des Richters von dem, was er tut, sein. Wenn man die Arbeit als moralische Aufgabe begreift, dann setzt sich dies in Arbeitsmoral um.

4.3 Ergebniseinschätzung

Je komplexere und in der Hierarchie höhere Tätigkeiten zu bewerten sind, desto schwieriger wird die Bearbeitung des hier anstehenden Problems der Intensivierung mit den Instrumenten der Betriebswirtschaftslehre. Angesichts der angedeuteten Kompliziertheit des Berufsfeldes kann deshalb — wie gesagt — eine empirische Arbeit nicht begonnen werden. Es schafft einen objektiven Zwang, sich mit einer Plausibilitätserwägung zufrieden zu geben.

Man kann einschätzen, daß für das arbeitsgerichtliche Verfahren keine wesentlichen Intensivierungen der Prozeßarbeit der hier angesprochenen Art durch Änderungen äußerer Umstände bewirkt werden können. Es gilt allgemein als Tatsache, daß Arbeitsrichter/innen ein starkes Engagement für ihre soziale Aufgabe zeigen. Man kann deshalb annehmen, daß dieser Wirkungsfaktor einiges andere überwiegt und möglicherweise gegebene kontraproduktive Einzelumstände keinen relevanten Einfluß haben. Die Überlegungen sollen sich deshalb auf andere Effizienzsteigerungen konzentrieren.

5. Verhandlung, Urteilsdarstellung und -verkündung und die Durchsetzung ihrer möglichen arbeitssparenden Veränderung

5.1 Zur Vorgehensweise

Im folgenden müssen zwei sehr unterschiedliche Diskussionsstränge miteinander verknüpft werden. Die damit verbundene Gefahr eines raschen Wechsels von Gesichtspunkten ist aber geringer als der Nachteil der strikten Trennung, bei der der Konkretheitsgrad der Überlegungen für den Leser nicht deutlich werden kann. Einerseits geht es darum, daß die Gegenstände der Verkürzung von Arbeitseinsatz, nämlich Verhandlung, Urteilsdarstellungs- und Verkündungsformen in sich ein weites Feld bilden, das vieler Ausdifferenzierung fähig ist. Auf dieses Spektrum von Arbeitsvollzügen in der Praxis ist aber die ganz anders geartete Frage zu beziehen, mit welchen Methoden und Mitteln ressourcensparende Veränderungen von außen her durchgesetzt werden können. Diese Diskussionsebene, die in der neueren Politikdiskussion mit dem Wort Steuerungsproblematik bezeichnet wird, wird von Juristen leicht übersehen, weil sie aus ihrer Ausbildung heraus zu der Vorstellung neigen, das Gesetz sei einziges und ausreichendes Steuerungsmittel in innerrechtlichen Zusammenhängen. Dem ist nicht so, und zwar namentlich für den hier interessierenden Bereich nicht. Es werden also im folgenden die schon im Abschnittstitel bezeichneten drei Gegenstandsbereiche analysiert und die Steuerungsproblematik wird jeweils bereichsspezifisch konkretisiert.

5.2 Zur mündlichen Verhandlung

Es ist denkbar, daß Richter noch stärker die Fähigkeit entwickeln, in den mündlichen Verhandlungen schnell die Interessen der Parteien zu erfassen und diese für alle Beteiligten sprachlich transparent zu machen. Der Effekt könnte in einer schlichten Ersparnis an Verhandlungszeit liegen, aber auch in einer erhöhten Vergleichsquote und ferner insgesamt in einer von allen Beteiligten betriebenen präzisieren, zielgerichteteren Prozeßführung. Denkbar wäre andererseits auch, daß die bisherige Form mündlicher Verhandlung eine Barriere für das Einbringen der Parteiinteressen darstellt[1]. Man kann meinen, daß die Entscheidungen durch raschen Abbruch von Folgendiskussion und Selektion von Sachverhaltswahrnehmungen beschleunigt werden.

Welche der beiden Wirkungszusammenhänge für die Arbeitsgerichtsbarkeit wichtiger ist, ist nicht durch Empirie feststellbar. Auch für die Zivilgerichtsbarkeit, bei der die Diskussion wesentlich weiter fortgeschritten ist, gibt es nur meinungsmäßige Äußerungen. Generell wird aber die verstärkte Einschaltung des Richters in die mündliche Verhandlung positiv beurteilt, wenngleich auch noch aktuell gegenläufige Stellungnahmen abgegeben werden. Allerdings scheinen diese einer bestimmten Ideologie verpflichtet, die durch Empirie nicht widerlegbar ist. So wurde z. B. die jetzige Fassung des § 139 ZPO noch im Jahre 1982 mit der Bemerkung kommentiert, die stärkere richterliche Fürsorgepflicht „ist damit als staatliche Leistungsverpflichtung ein typisches Produkt der 70er Jahre, in dem der Gesetzgeber bürgerlichen Ansprüchen entgegengekommen ist ..."[2]. Auch in der Arbeitsgerichtsbarkeit ist der Vorwurf geläufig, die Richter nutzten die mündlichen Verhandlungen zu einer Ersetzung der Verhandlungsmaxime durch den Untersuchungsgrundsatz auf kaltem Wege[3]. Auch ein solcher Vorwurf steht allerdings wohl im Kontext der Interessen derjenigen Gruppen, die von einer besseren Aufklärungsarbeit in arbeitsgerichtlichen Streitigkeiten eher Nachteile zu erwarten haben.

Wenn insgesamt in den letzten ein oder zwei Jahrzehnten die mündliche Beteiligung des Richters in der Verhandlung verstärkt worden ist, dann ist dies ein sicheres Kennzeichen dafür, daß insoweit Richterinteressen an effizienterer Ausnutzung ihrer eigenen Arbeitskraft und die sozialstaatliche Fürsorgepflicht gegenüber den Parteien in die gleiche Richtung weisen. Gesamteinschätzungen besagen denn auch, daß die Verstärkung des Gesprächs, und zwar auch diejenige des Rechtsgesprächs, sich für den Richter „lohnen"[4]. Im jetzigen Überlegungszusammenhang muß die Frage gestellt werden, ob die generelle Verbesserung der richterlichen Verhandlungsarbeit für den Bereich der Arbeitsgerichtsbarkeit weiter vorangetrieben werden kann, und welches die Steuerungsinstrumente für diese Veränderung sein können. Allerdings kann die Analyse des realen Zustandes unterbleiben, falls eine Steuerung unabhängig von den Ergebnissen nicht effizient gelingen kann.

---

[1] Vgl. zur Diskussion über Barrieren *Wassermann*, Rechtspolitik, m. w. N.

[2] *von Bassewitz*, DRiZ 82, S. 460.

[3] So referiert bei *Roßmanith*, AuR 1977, S. 171.

[4] *Hensen*, Rechtsgespräch, S. 177.

Wissenschaftliche Vorgehensweise verlangt nun, daß der Beitrag der Nachbarwissenschaften zur Analyse des hier anstehenden Phänomens abgefragt wird.

Leider muß man konstatieren, daß die Sprachwissenschaft zum Thema der Verhandlungsfähigkeit in letzter Zeit wenig beigetragen hat. Ihre speziellen, aus sprachwissenschaftlichen Theoriezusammenhängen heraus entwickelten Forschungsrichtungen sind andere. In den entsprechenden Werken sind die vereinzelt für Juristen nutzbaren Elemente eher Nebenprodukte[5]. Sogar für das Subproblem der Verständlichkeit sind die sprachwissenschaftlichen Arbeiten außerordentlich schwer für die einzelne Praxissituation in Handlungsanweisungen umzusetzen[6]. Jedenfalls gibt es keinen sicheren Weg zur besseren Verständlichkeit, wie sich an einem von Menne explizierten Paradox zeigen läßt: Durch eine längere, immer genauere Darstellung, die alle Informationsbedürfnisse erfüllt, tritt früher oder später ein Grad von Unübersichtlichkeit ein, der die Verständlichkeit konterkariert[7]. Solche Schwierigkeiten gibt es für alle anderen Aspekte der mündlichen Verhandlung. Abzuraten ist namentlich auch von der Übernahme vorhandener Rhetorikliteratur, die wohl eher auf ökonomische und politische Verhandlungen zielt[8]. Das gleiche gilt für die reichhaltige Literatur, die immer von neuem alle Eigenschaften guter Kommunikation als Postulate formuliert und dann für den Richter verbindlich erklärt. Man wird ihnen im einzelnen immer bescheinigen können, sie seien „beherzigenswert“[9], aber geholfen ist damit wohl niemandem. Es darf nicht verwundern, daß in allgemeinen Stellungnahmen die schon angesprochene Veränderung wie ein quasi naturwüchsiges Ereignis beschrieben wird. So liest man: „Freilich hat sich, von der Dogmatik gewissermaßen unbemerkt, bereits eine nachhaltige Durchbrechung klassisch-liberaler Prozeßprinzipien praktisch durchgesetzt. Eine Entwicklung von der Verhandlungs- zur Kooperationsmaxime ist zu verzeichnen[10].“ Die Veränderungen bleiben offenbar nur zurückführbar auf langfristige Diskussionen innerhalb der Profession und auf gesamtgesellschaftliche Randbedingungen der Justiz. Da beide nicht kurzfristig beeinflußbar sind, müßte man eventuell hier die Erörterung abbrechen.

---

[5] Vgl. in diesem Sinne die sprachwissenschaftliche Münsteraner Habilitationsschrift: *Lutger Hoffmann*, Kommunikation, m. w. N.

[6] Vgl. dazu insgesamt *Wassermann / Petersen* (Hrsg.), Recht und Sprache, m. w. N.

[7] *Menne*, ZZP 1975, S. 267 f.

[8] Vgl. dazu *Struck*, Theorie, S. 83.

[9] *Nichterlein*, DRiZ 1982, S. 244, der im weiteren auch feststellt, die Schwierigkeit liege im Detail.

[10] H. S., DRiZ 1978, S. 224; vgl. auch *Wendel*, AuR 1980, S. 349.

Es gibt aber wissenschaftliche Analysen zu Verbesserungen sprachlicher Arbeit. Für das allgemeine Verwaltungshandeln wird eine umfangreiche Diskussion über Bürgernähe geführt[11]. Die Vorschläge laufen auf den Entwurf ganzer Curricula hinaus, bei denen theoretische Konzeption, praktische Durchführung und technische Instrumentation jeweils gesonderte Probleme stellen. Auch die vereinzelten Stellungnahmen von Juristen zeigen in diese Richtung[12]. Gerade der technische Aspekt (Zeit und Räumlichkeiten für Rollenspiele, Video-Geräte u. a.) bedeutet einen beträchtlichen Kostenfaktor.

Unter dem Gesichtspunkt der Ressourcenersparnis ist angesichts der intensiven Verhandlungsformen in der Hamburger Arbeitsgerichtsbarkeit deshalb letztendlich zu vermuten, daß ein noch zu entwickelndes Fortbildungsangebot zur Verhandlungsgeschicklichkeit kein gutes Verhältnis von Aufwand und Erfolg in kurzer Zeit zeigen wird. Damit soll natürlich keinesfalls gesagt sein, daß richterliche Fortbildung auf diesem Sektor nicht aus anderen Gründen, also z. B. aus normativen Erwägungen zum Verhältnis von Bürger und Staat, zu fordern sind. Wenn man sich dazu entschließen kann, so wird man die langfristigen Erfolge beobachten können. Übrigens gilt auch hier, daß die Fortbildungsarbeit um so teurer wird, je kurzfristiger sie wirken soll.

Dieses negative Ergebnis hat allerdings eine weitere Konsequenz: Man wird einzelnen und leichter handhabbaren Detailvorschlägen nachgehen müssen, auch wenn sie bescheiden anmuten. Dies gilt namentlich für die Nutzung des Protokolls. Insofern bestehen unterschiedliche richterliche Routinen. Generell scheint aber möglich, eine stärkere Segmentierung des Verfahrensganges durch jeweils abschnittsabschließende Protokolleintragungen zu erreichen. So ist z. B. möglich, im Anschluß an Beweistermine die ja meist in der Situation vollzogene Beweiswürdigung in groben Umrissen bekanntzugeben. Befangenheit wäre erst dann gegeben, wenn die Kammer zugleich erkennen ließe, daß insoweit das Urteil nicht mehr durch weiteres Vorbringen zu erschüttern sei. Das explizite Festhalten von Zwischenergebnissen hätte den Vorzug, daß nicht alle Stränge des Gesamtkonflikts bis zum Ende verfolgt werden müssen. Der Streit wäre durch Abschneiden von Seitenfragen zumindest stärker kanalisierbar, und für die Parteien wären die aktuell noch anstehenden Fragen in jeder Prozeßsituation überschaubarer.

---

[11] Vgl. dazu z. B. *Hoffmann-Riem* (Hrsg.), Bürgernahe Verwaltung?, Für den hier interessierenden Aspekt empfiehlt sich als Einstieg *Albrecht / Reidegelt*, Bürger und Verwaltung — Bezugsrahmen und Curriculum für das Training der Verhaltensgeschicklichkeit öffentlich Bediensteter mit überwiegend publikumsbezogener Tätigkeit, Verwaltungsarchiv 1977, S. 246 ff.

[12] s. z. B. *Herbst*, Prozeßvergleich, S. 41 f.

Es scheint aber, daß in solchen Einzelerwägungen nicht allzu viel Kürzungsvolumen steckt.

5.3 Zur kürzeren Fassung von Tatbestand und Gründen des Urteils

5.3.1 Beispiel

5.3.1.1 Vorgehensweise: exemplarische Kürzung eines Urteils

Im folgenden soll zuerst im Beispiel vorgestellt werden, daß Tatbestand und Gründe eines Urteils, das derzeitigen Standards entspricht, kürzbar sind. Damit wird natürlich nur belegt, daß ein außenstehender Nicht-Richter sich andere Standards und Routinen vorstellen kann als die derzeit gängigen. Deshalb ist anschließend von neuem die Frage zu stellen, wie das derzeitige richterliche Verhalten geändert werden kann[13].

Zur Begrifflichkeit ist vorweg zu bemerken, daß der Grad der Ausführlichkeit von Urteilen der Herkunft nach eine Konvention, dem Verbindlichkeitsgrad nach ein Standard und aus der Sicht des einzelnen arbeitenden Richters Ergebnis von Routineverhalten ist. Damit sind verschiedene mögliche Sichtweisen bezeichnet, die im folgenden nicht als Aspekte vereinzelt werden sollen, da sie sich bezüglich der Schwierigkeit von außen gesteuerter Veränderung nicht relevant unterscheiden.

Für den Sonderaspekt des Arbeitsaufwandes durch Einfügung von Belegen bietet das vorgelegte Beispiel keine günstige Analysemöglichkeit. Das sieben Seiten lange Urteil bietet zwei Literaturstellen, deren Einfügung sicherlich verschieden beurteilt werden kann. Die Kürzungsanweisung, man solle Rechtsprechungs- und Literaturbelege ganz weglassen, ist aber ganz unproblematisch zu vollziehen; unproblematischer jedenfalls als die gesetzliche Anforderung, „knapp" zu schreiben. Deshalb soll die nachfolgende Analyse des Beispiels von dem Sonderproblem der Häufigkeit von Belegen entlastet bleiben; dieses Problem wird an geeigneterer Stelle wieder aufgenommen. Bei dem Exempel handelt es sich um ein Urteil des Arbeitsgerichts Hamburg aus dem Jahre 1983, das sich auf einen wenige Monate zurückliegenden Konflikt bezieht. Das Urteil ist soweit verändert, wie dies ohne die Gefahr der Sinnentstellung möglich war. Es sind nicht nur die Namen durch Buchstaben abgekürzt, die nicht die Anfangsbuchstaben der Personennamen

[13] Daß dies ein Problem ist, ist allgemein bekannt, ohne daß Konsequenzen gezogen würden; typisch insofern *Schwab*, Beschleunigung, S. 37.

sind, sondern es sind auch alle Daten unter Wahrung der Zeiträume und Fristen verschoben.

Die Auswahl erfolgte nach einem qualifizierten Zufallsprinzip. Es stand ein Konvolut von ca. 500 neueren Urteilen zur Verfügung, die naturgemäß durch die Verschiedenheit der Fälle und durch die individuellen Stile der Richter eine beträchtliche Varianz aufwiesen. Es wurde versucht, ein relativ typisches Urteil zu wählen, weshalb die folgenden Gesichtspunkte berücksichtigt wurden:

— Es handelt sich um den Massenfall des Arbeitsgerichts, nämlich ein Kündigungsschutzverfahren;
— die Länge des Urteils ist durchschnittlich oder jedenfalls nur geringfügig über dem Durchschnitt;
— der Stil des erkennenden Richters unterscheidet sich nicht nennenswert von demjenigen der Mehrheit der Kollegen;
— eine Beweisaufnahme fand nicht statt; (es wäre reizvoll gewesen, auch eine Beweiswürdigung zu kommentieren, aber Beweisaufnahmen sind nicht die Regel; es erschien wichtiger, ein möglichst normales Urteil zu analysieren).

Die Auswahl nach genauer festgelegten Kriterien der Durchschnittlichkeit von Urteilen hätte verlangt, daß eine empirische Untersuchung vorgenommen worden wäre, deren Arbeitsintensität in keinem Verhältnis zum Erfolg gestanden hätte.

5.3.1.2 Der bearbeitete Originaltext des Urteils

Das Urteil beginnt mit dem üblichen Formblatt. Die Klägerin ist als „Angestellte“ bezeichnet, der Beklagte als „Inhaber der Firma Reisebüro ...“. Name, Vorname und Anschrift sind vollständig. Die prozeßbevollmächtigten Anwaltssozietäten sind mit vollständiger Namensnennung aller Socii angegeben; von den Richtern und Richterinnen findet sich nur der Nachname.

Der Tenor lautet:

„Es wird festgestellt, daß das Arbeitsverhältnis zwischen den Parteien nicht durch die Kündigung vom 4. März 1983 aufgelöst worden ist.

Es wird festgestellt, daß das Arbeitsverhältnis zwischen den Parteien auch nicht durch die außerordentliche Kündigung und die vorsorglich ausgesprochene ordentliche Kündigung vom 8. März 1983 aufgelöst worden ist.

Der Beklagte wird verurteilt, die Klägerin zu unveränderten Arbeitsbedingungen weiterzubeschäftigen.

Die Widerklage wird abgewiesen.

Die Kosten des Rechtsstreits trägt der Beklagte.

Der Streitwert beträgt 13 086 DM.“

Es folgen Tatbestand und Gründe, wobei im folgenden versucht worden ist, durch eine bearbeitete Abschrift des auch nicht technisch wiedergabefähigen Durchschlags möglichst genau den originalen Eindruck wiederzugeben.

Tatbestand

Die Klägerin war im Reisebüro des Beklagten ab 1. Februar 1982 als Expedientin beschäftigt. Ihr monatliches Bruttoentgelt betrug zuletzt 2600,— DM.

Am 19. September 1982 ging im Reisebüro des Beklagten eine Buchung für eine TUI-Reise in der Zeit vom 23. Januar bis 6. Februar 1983 nach U. ein. Am 1. Dezember 1982 wurde diese Buchung dann auf die Eheleute E. umgestellt, diese Umstellung wurde von der TUI am selben Tage telefonisch akzeptiert. Da die vorgesehene Reise nach U. wegen zu geringer Nachfrage nicht durchgeführt werden konnte, sandte die TUI den Kunden E. ein Schreiben vom 23. Dezember 1982, in dem sie hiervon Mitteilung machte und den Eheleuten E. statt dessen die Insel I. anbot. Den Kunden wurde eine geänderte Reisebestätigung vom 19. Dezember 1982 zugeschickt. Da die Kunden in der Folgezeit nicht erreichbar waren, verlängerte die Arbeitnehmerin Y. der Beklagten bei TUI die Option bis 10. Januar 1983. Sodann übertrug sie der Klägerin die Aufgabe, die Optionsfrist zu überwachen bzw. die Option zu verlängern.

Die Parteien streiten darüber, ob die Klägerin dieser Verpflichtung nachgekommen ist.

Die Klägerin hinterließ eine schriftliche Nachricht für Frau Y., daß sie die Option bis 15. Januar 1983 verlängert habe (Bl. 47 d. A.).

Nachdem die Kunden E. in der Folgezeit erklärten, daß sie keine Reise nach I. wünschten, wurde dies der TUI mit Schreiben vom 15. Januar 1983 mitgeteilt. Unter dem 16. Januar 1983 bestätigte die TUI die Stornierung und übersandte unter dem 17. Januar 1983 zwei Stornorechnungen über jeweils 1593,— DM. Die Klägerin wandte sich mit dem Schreiben vom 23. Januar 1983 an die TUI (Bl. 27 d. A.) und wies darauf hin, daß sie die Option verlängert habe. Ab 4. Februar 1983 trat die Klägerin ihren Urlaub an. Am 4. Februar 1983 ging ein Schreiben der TUI vom 30. Januar 1983 ein, in dem diese die Verlängerung der Option bestritt. Am 6. Februar 1983 telefonierte die Angestellte Y. der Beklagten in dieser Angelegenheit mit der TUI und erhielt ebenfalls die Auskunft, die Option sei nicht verlängert worden. Mit Schreiben vom 6. Februar 1983 bestätigte die TUI dies noch einmal und erließ im Kulanzwege den Betrag von 500,— DM.

Nach der Rückkehr der Klägerin aus dem Urlaub am 3. März 1983 kam es zu Auseinandersetzungen zwischen den Parteien über diese Angelegenheit, in deren Verlauf am 4. März 1983 eine fristlose Kündigung mündlich ausgesprochen wurde. Mit Schreiben vom 8. März 1983 kündigte die Beklagte abermals fristlos hilfsweise fristgemäß. Wegen des Schreibens wird auf Bl. 30 d. A. verwiesen.

Mit der Klage wendet sich die Klägerin gegen die Kündigungen und verlangt Weiterbeschäftigung bei dem Beklagten.

Sie behauptet, am 10. Januar 1983 bei der TUI angerufen und die Option bis zum 15. Januar 1983 verlängert zu haben. Zu den Auseinandersetzungen nach ihrer Rückkehr sei es insbesondere gekommen, weil sie ein Schuldanerkenntnis habe unterschreiben sollen.

Die Klägerin beantragt,

1. festzustellen, daß das Arbeitsverhältnis zwischen den Parteien nicht durch die Kündigung vom 4. März 1983 aufgelöst worden ist;
2. festzustellen, daß das Arbeitsverhältnis zwischen den Parteien auch nicht durch die außerordentliche Kündigung und die vorsorglich ausgesprochene ordentliche Kündigung vom 8. März 1983 aufgelöst worden ist;
3. den Beklagten zu verurteilen, die Klägerin zu unveränderten Arbeitsbedingungen weiterzubeschäftigen.

Der Beklagte beantragt,

die Klage abzuweisen.

Widerklagend verlangt er von der Klägerin die Erstattung des von der TUI erhobenen Stornobetrages in Höhe von 2686,— DM.

Der Beklagte beantragt insoweit,

die Klägerin und Widerbeklagte zur Zahlung von 2686,— DM nebst 4 % Zinsen seit dem 13. Mai 1983 zu verurteilen.

Die Klägerin und Widerbeklagte beantragt,

die Klage abzuweisen.

Der Beklagte behauptet, die Klägerin habe keineswegs am 10. Januar 1983 die Option verlängert. Es sei ihr außerdem vorzuwerfen, daß sie die Angelegenheit nicht vor ihrer Abreise in den Urlaub mit dem Beklagten besprochen habe. Im übrigen habe sie sich renitent verhalten nach ihrer Rückkehr aus dem Urlaub und sich geweigert, eine schriftliche Schilderung des Vorfalles abzugeben. Die Klägerin sei im übrigen häufiger alkoholisiert zur Arbeit erschienen und sei deshalb im Sommer 1982 mehrfach abgemahnt worden. Auch am 3. März 1983 sei die Klägerin offensichtlich angetrunken gewesen.

Wegen des Vorbringens der Parteien im einzelnen wird auf den vorgetragenen Inhalt der zwischen ihnen gewechselten Schriftsätze nebst Anlagen Bezug genommen.

Entscheidungsgründe

Die Klage ist begründet.

Das Arbeitsverhältnis der Parteien ist weder durch die fristlose Kündigung vom 4. März 1983 noch durch die fristlose Kündigung vom 8. März 1983 noch durch die vorsorglich ausgesprochene ordentliche Kündigung mit Schreiben vom 8. März 1983 aufgelöst worden. Das Arbeitsverhältnis besteht vielmehr unverändert fort.

Für die fristlose Kündigung ist kein wichtiger Grund im Sinne des § 626 Abs. 1 BGB gegeben. Ebenso fehlt es an der sozialen Rechtfertigung der vorsorglich ausgesprochenen fristgemäßen Kündigung gemäß § 1 Abs. 2 Kündigungsschutzgesetz (KSchG).

Der Beklagte wirft der Klägerin zum einen vor, daß sie die Option für die Reise der Eheleute E. nach I. am 10. Januar 1983 nicht verlängert und damit verursacht hat, daß die Reise fest gebucht war und nach Absage durch die Eheleute E. Stornokosten entstanden.

Zum einen ist problematisch, ob ein solcher Verstoß der Klägerin, sein Vorliegen unterstellt, ausreichen würde, eine fristgemäße oder gar eine fristlose Kündigung zu rechtfertigen.

Im Leistungsbereich sind nämlich zunächst einmal Abmahnungen auszusprechen, bevor man zum letzten Mittel der Kündigung schreitet.

Vor allem aber ist nicht zu unterstellen, daß die Klägerin einen derartigen Pflichtverstoß tatsächlich begangen hat. Die Klägerin behauptet, tatsächlich im Januar 1983 mit der TUI telefoniert und die Option bis zum 15. Januar 1983 verlängert zu haben. Für ihre Darstellung spricht immerhin die Existenz des schriftlichen Vermerks vom 10. Januar 1983 (Bl. 47 d. A.), dessen Existenz der Beklagte erst nach ausdrücklichem Hinweis der Klägerin bestätigte. Die Klägerin hat vorgetragen, diesen Vermerk am 10. Januar 1983 angefertigt und für Frau Y. hinterlassen zu haben. Dies ist vom Beklagten schriftsätzlich nicht bestritten worden. Erst in der mündlichen Verhandlung vom 17. September 1983 hat der Beklagte von der Möglichkeit gesprochen, daß dieser Vermerk später angefertigt worden sein könnte, ohne dies jedoch weiter auszuführen. Es ist immerhin durchaus denkbar, daß die Angestellte der TUI, mit der die Klägerin telefoniert hat, die Angelegenheit verschlampt hat und deshalb jetzt versucht, die Schuld der Klägerin zuzuschieben. Die Tatsache, daß das Verschulden bei der Angelegenheit nicht mehr zu klären ist, geht zu Lasten des beweisbelasteten Beklagten.

Der gegen die Klägerin erhobene Vorwurf ist auch nicht dermaßen schwerwiegend, daß allein der Verdacht der Pflichtverletzung ausreichen würde, eine Kündigung zu rechtfertigen. Der Beklagte wirft der Klägerin weiterhin vor, nicht bereits vor Abreise in den Urlaub dem Beklagten mitgeteilt zu haben, daß es in der betreffenden Angelegenheit Schwierigkeiten gibt. Wenn jedoch die Klägerin tatsächlich davon ausging, am 10. Januar 1983 die Option bis 15. Januar 1983 verlängert zu haben, so kann man ihr nicht vorwerfen, daß sie nicht gleich dem Beklagten Bescheid gegeben hat. Aus ihrer Sicht hat sie, wenn sie tatsächlich die Option verlängert hat, alles getan, indem sie am 23. Januar 1983 das Schreiben an die TUI mit dem Vorbehalt der Verlängerung der Option geschickt hat.

Die Weigerung der Klägerin, eine schriftliche Stellungnahme zu der Angelegenheit abzugeben, stellt ebenfalls keinen Kündigungsgrund dar. Die Klägerin war zur Abgabe einer derartigen schriftlichen Stellungnahme nicht verpflichtet. Der Beklagte beruft sich in diesem Zusammenhang auf die Regelung der Angelegenheit mit der Versicherung. Die Versicherung verlangte jedoch gerade das Ausfüllen eines formularmäßigen Schuldanerkenntnisses. Dies spricht eher für die Version der Klägerin, daß ein solches Schuldanerkenntnis von ihr verlangt wurde. Jedenfalls besteht auch bei Beschränkung des Verlangens auf eine schriftliche Stellungnahme insoweit kein Anspruch des Beklagten.

Die übrigen vom Beklagten aufgeführten Kündigungsgründe sind entweder nicht relevant oder aber unsubstantiiert geschildert.

Es ist nicht ersichtlich, weshalb es einen Kündigungsgrund für den Beklagten darstellen sollte, wenn die Klägerin tatsächlich von ihrem Ehemann verprügelt wird.

Der Vorwurf, die Klägerin sei häufiger alkoholisiert zur Arbeit erschienen, ist nicht substantiiert. Es ist nicht im einzelnen angegeben, an welchen Tagen dies der Fall gewesen sein soll. Außerdem ist nicht angegeben, wann wegen welcher Vorfälle unter Kündigungsandrohung abgemahnt worden sein soll. Selbst wenn man davon ausgeht, daß jedenfalls der Vorfall am 3. März 1983 hinsichtlich des Alkoholgenusses substantiiert geschildert ist, so würde diese Tatsache nicht zur Rechtfertigung der Kündigung ausreichen, da keine Verstöße davor sowie keine Abmahnung substantiiert dargelegt ist.

Es war daher der Fortbestand des Arbeitsverhältnisses festzustellen.

Aus dieser Feststellung folgt weiterhin die Verpflichtung des Beklagten, die Klägerin zu unveränderten Arbeitsbedingungen weiterzubeschäftigen.

Zwar hat das Bundesarbeitsgericht in seiner Entscheidung vom 26. Mai 1977 (DB 1977, 2099 ff.) die Meinung vertreten, daß sich ein Weiterbeschäftigungsanspruch über das Ende der Kündigungsfrist hinaus bei Streit über den Fortbestand des Arbeitsverhältnisses als unzulässige Rechtsfortbildung mit dem geltenden Recht nicht vereinbaren lasse, da der gesetzlichen Regelung des § 102 Abs. 5 Betriebsverfassungsgesetz (BetrVG) der deutliche Hinweis entnommen werden könne, daß ein Beschäftigungsanspruch während des Kündigungsrechtsstreits nur unter sehr engen Voraussetzungen anzuerkennen sei. Die gesetzgeberische Grundentscheidung des § 102 Abs. 5 BetrVG stelle eine sachgerechte Lösung des Regelungskomplexes dar.

Dieser Auffassung vermag sich die Kammer jedoch nicht anzuschließen.

Anspruchsgrundlage für den Weiterbeschäftigungsanspruch ist der durch Art. 1 und 2 GG gegebene Persönlichkeitsschutz des Arbeitnehmers (BAG AP Nr. 2 zu § 611 BGB „Beschäftigungspflicht"). Die Art. 1 und 2 GG sind unmittelbar geltendes Recht, ohne daß es einer weiteren gesetzlichen Normierung bedarf. Damit können durch die Regelung des § 102 Abs. 5 BetrVG auch nicht die grundgesetzlich geschützten Rechte eingeschränkt werden. Auch für die vom Bundesarbeitsgericht bejahten Fälle eines Weiterbeschäftigungsanspruchs bei offensichtlich unwirksamen Kündigungen kommen als Anspruchsgrundlage nur die Art. 1 und 2 GG in Betracht. Wenn somit der Weiterbeschäftigungsanspruch allein seine Grundlage in Art. 1 und 2 GG findet, ist dogmatisch kein Unterschied zu machen zwischen einem unstreitig bestehenden Arbeitsverhältnis und einem infolge einer unwirksamen Kündigung nicht aufgelösten Arbeitsverhältnis, wobei im Streitfall eine gerichtliche Entscheidung das Fortbestehen des Arbeitsverhältnisses besonders feststellen muß. Die ist am vorliegenden Fall geschehen.

Der Klage war daher insgesamt stattzugeben.

Die Widerklage ist unbegründet.

Dem Beklagten steht gegen die Klägerin kein Anspruch aus positiver Vertragsverletzung auf Erstattung der im Fall E. entstandenen Stornokosten in Höhe von 2686,— DM zu.

Wie den obigen Ausführungen zur Rechtfertigung der Kündigung zu entnehmen ist, kann der Beklagte den Beweis, daß sich die Klägerin der entsprechenden Pflichtverletzung schuldig gemacht hat, nicht erbringen. Es besteht nicht nur die Möglichkeit, daß die Klägerin die Verlängerung der Option unterlassen und damit die Festbuchung verursacht hat, sondern es ist auch denkbar, daß eine Angestellte der TUI vergessen hat, die Optionsverlängerung zu notieren.

Die Kostenentscheidung beruht auf § 91 ZPO, die Streitwertfestsetzung auf den §§ 12 Abs. 7 ArbGG, 3 ff. ZPO. Für die Anträge zu 1. und 2. sind drei Monatsverdienste, für den Antrag zu 3. ein weiterer Monatsverdienst angesetzt worden. Diesem Betrag war der Betrag der Widerklage hinzuzurechnen.

5.3.1.3 Der Informationsgehalt des Originalurteils

Um einen Ausgangspunkt für die Analyse der folgenden Kürzungsvorschläge zu gewinnen, ist es zuerst notwendig, den Informationsgehalt des vorliegenden Originalurteils in einigen Anmerkungen zu verdeutlichen. Es muß vermieden werden, daß gegenüber gekürzten Urteilen ein Informationsgehalt als Anspruch formuliert wird, der auch für normale Originalurteile nicht geleistet wird. Informativität von Texten ist immer graduell zu bestimmen. Da es sich um ein Urteil handelt, wie es in der Praxis häufig formuliert und auch selbstverständlich in Praxiskreisen akzeptiert wird, kann für die folgenden Überlegungen davon ausgegangen werden, daß jedenfalls der hier vorliegende Grad von Informativität einen zulässigen Standard bezeichnet.

Deshalb muß auch an dieser Stelle nicht normativ entschieden werden, ob ein Urteil entweder für jeden Dritten verständlich formuliert sein muß, oder für die Parteien verständlich, oder für die Richter des Rechtsmittelgerichts. Da in der Praxis realiter versucht wird, alle drei Adressaten zureichend zu berücksichtigen, müssen die folgenden Anmerkungen und die Kürzungsversuche auch auf alle drei Perspektiven eingehen.

Zu Rubrum und Tenor:

Um Rubrum fiel die Uneinheitlichkeit der Namenswiedergaben auf. Es scheint dies eine Konvention unbekannter Herkunft zu sein. Die Bezeichnung der Berufe ist nicht einheitlich, insofern sich „Angestellte" und „Selbständiger" entsprochen hätten oder umgekehrt auch „Expedientin" und „Inhaber des Reisebüros . . .". Die Position im Kündigungsschutzgesetz schon an dieser Stelle durch Hinweise „Angestellte im Reisebüro des" und „Inhaber des Reisebüro . . ." klarmachen zu wollen, war allerdings nicht möglich, da über den Weiterbeschäftigungsanspruch durch das Urteil noch nicht rechtskräftig entschieden worden ist. Die Rollenverteilung im Kündigungsschutzprozeß ist trotzdem natürlich für die Richter des Rechtsmittelgerichts schon an dieser Stelle sichtbar, nicht aber für beliebige Dritte.

Zum Tatbestand:

Für den unbefangenen Leser bleibt im Kernpunkt des Streits unklar, warum der Beklagte eigentlich das Risiko für die Absage trug; schließlich hatte die TUI eine gebuchte Reise ausfallen lassen. Es war doch wohl hauptsächlich ihr Interesse, die Kunden für eine ersatzweise angebotene andere Reise zu behalten.

Der Arbeitsablauf im Reisebüro ist für die Parteien klar erkennbar, hingegen für Dritte und eventuell auch für Richter des Rechtsmittelgerichts nicht leicht nachzuvollziehen. Allerdings ist es — typischerweise! — so, daß es für das Verständnis des Urteils gar nicht auf eine vollständige Sachverhaltskenntnis ankommt. Es genügt, daß die unstreitige Pflicht beschrieben ist, deren streitige Verletzung über die Beweislastverteilung das Ergebnis bestimmt.

Der Tatbestand gibt offenbar große Teile des schriftlichen und mündlichen Parteienvorbringens wieder. Unklar ist allerdings der Grad der Selektivität. Der nichtaktenkundige Leser kann z. B. aus der Wendung: „Selbst wann man davon ausgeht, daß jedenfalls der Vorfall am 3. März 1983 hinsichtlich des Alkoholgenusses substantiiert geschildert ist, ..." entnehmen, daß hier weiterer schriftsatzähnlicher Vortrag vorliegt. Im übrigen aber läßt der Generalverweis: „Wegen des Vorbringens der Parteien ..." offen, ob sich das Urteil noch in größerem Umfang als explizit angegeben auf ausschließlich mündliches Vorbringen stützt.

Uneinheitlichkeit ist auch die explizite Bezugnahme durch Angabe von Aktenseiten. Einerseits wird das Aktenblatt des Kündigungsschreibens genau bezeichnet, obwohl seine juristische Bedeutung im Urteilstext offenbar bereits völlig ausreichend wiedergegeben ist. Die wörtliche Formulierung von Texten, die überhaupt nicht streitrelevant ist, ist nicht „Einzelheit des Sach- und Streitstandes". Sinnvoller erscheint es hingegen, daß der Leser erfährt, der möglicherweise rückdatierte Vermerk befinde sich bei den Akten; dadurch wird implizit klar, daß das Gericht keine äußeren Anzeichen für eine Fälschung oder Rückdatierung wahrnehmen konnte.

Die Abkürzungen sind keinesfalls für Parteien oder laienhafte Leser durchweg verständlich. Geht man das Urteil Zeile für Zeile unter diesem Gesichtspunkt durch, so ergibt sich u. a., daß gerade die relativ leicht erschließbaren oder vielleicht sogar bekannten Abkürzungen KSchG und BetrVG nach der Art von Legaldefinitionen eingeführt werden (was auch nicht unbedingt verständlich ist), während die vergleichsweisen unbekannten Abkürzungen DB und AP nicht erklärt werden. Der Unterschied liegt auch nicht darin, daß Gesetzesabkürzungen erklärt würden, Literaturhinweise nicht, denn schließlich bleiben auch BGB, GG, ZPO unerklärt.

Zu den Gründen:

In zentralen Textstücken des Urteils stehen unerklärte juristische Termini: „substantiiert", „beweisbelastet".

Der Gedankengang der Begründung setzt teilweise juristische Kenntnisse voraus. Der Hinweis z. B., der Verdacht der Pflichtverletzung sei nicht so schwerwiegend, um eine Kündigung zu rechtfertigen, ist aus sich allein heraus nicht verständlich. Der Satz, daß auch ein bloßer Verdacht in bestimmten Fällen eine Kündigung rechtfertigen kann, ist keineswegs Allgemeingut und wird trotzdem stillschweigend vorausgesetzt. Übrigens erfährt die Partei oder der laienhafte Leser an einer Stelle einen für ihn zentralen Sachverhalt nicht: Der Tenor ordnet die Weiterbeschäftigung an und läßt die für jeden praktisch denkenden Menschen sich sofort anschließende Frage offen, was denn passiert, wenn der Unterlegene sich dem Urteil insoweit nicht beugt.

Der Standard der Begründungsausführlichkeit ist nicht deutlich gemacht. Diese Aussage läßt sich mit folgendem kleinen Beispiel belegen: „Die Kostenentscheidung beruht auf § 91 ZPO, ...“; damit liegt der Urteilstext auf einer mittleren Linie zwischen einer bloßen Erwähnung der selbstverständlichen Kostentragungspflicht im Tenor und der Hinzufügung eines weiteren Begründungselementes, das z. B. hätte lauten können „... § 91 ZPO, wonach der Unterlegene die Kosten zu tragen hat.“ Für die im Urteil gewählte Fassung kann man sich jedenfalls nicht auf Sachgesetzlichkeiten berufen, denn für Juristen als Leser war die Kostentragungspflicht sowieso selbstverständlich, und wirklichen Laien ist § 91 ZPO unzugänglich. Mit der Adressatenorientierung kann jedenfalls nicht begründet werden, daß der fragliche Satz in diesem Urteil wie in vielen anderen als erforderliche und zureichende Begründung angesehen wird.

Erst recht ist deutlich, daß die Textlängen der Begründung des Weiterbeschäftigungsanspruches keinen Regeln folgt, die abstrakt und verallgemeinerungsfähig expliziert werden könnten. Daß man diese Passage mit weiteren Argumenten ohne Verstoß gegen die Regeln der juristischen Kunst hätte länger gestalten können, steht außer Frage. Aber auch eine Kürzung wäre vorstellbar.

Zum Verhältnis von Tatbestand und Gründen:

Die Trennung von Tatbestand und Gründen, wie übrigens auch die Trennung von Tatsachenbehauptungen und Rechtsbegriffen, wird in diesem Urteil — wie offenbar in fast allen derzeitigen Urteilen[14] — zulässigerweise nicht pedantisch durchgehalten. So erfährt der Leser in einem hinteren Teil der Gründe, daß der Beklagte auch als Kündigungsgrund angeführt hat, die Klägerin werde von ihrem Ehemann geschlagen. Im Tatbestand werden z. B. die Kündigungen gleich als solche qualifiziert und umstandslos in den Text eingeführt, ohne daß der Leser durch den Wortlaut der entsprechenden Äußerungen aufgehalten würde.

[14] Vgl. BAG NJW 1957, S. 1493.

Es muß an dieser Stelle um der Unmißverständlichkeit willen noch einmal deutlich gesagt werden, wozu die damit abgeschlossene lange Aufzählung dienen soll. Es soll nicht gesagt werden, daß das Urteil schlecht, fehlerhaft oder auch nur verbesserungswürdig sei. Das Urteil ist, so wie es ist, ein positives Stück juristischer Berufspraxis. Es sollte nur für die folgende Diskussion um kürzere Fassungen deutlicher gemacht werden: Urteile geben weder explizit noch durch Bezugnahmen den Vortrag vollständig wieder; durch die Formulierung von Urteilen, also durch die Gestaltung ihre Texte, läßt sich nie garantieren, daß sie Lesern, die den Sachverhalt nicht kennen, oder den Parteien durchweg verständlich sind; die Begründungsdifferenziertheit ist nicht aus Adressatenorientierung oder Sachgesetzlichkeit ableitbar, sondern wird zumindest innerhalb von beträchtlichen Spielräumen durch Konventionen bestimmt. Erst auf der Basis solcher Einsichten lassen sich die Ansprüche formulieren, die auch gegenüber noch wesentlich stärker gekürzten Urteilstexten legitim sind.

5.3.1.4 Erste Kürzungsstufe: Kürzungen bei gleichbleibendem Informationsgehalt

Im nun folgenden Vorschlag werden im wesentlichen nur zwei Kürzungsmöglichkeiten wahrgenommen: Einerseits werden konventionelle oder rituelle Elemente gestrichen, deren Notwendigkeit nicht strikt ausweisbar ist. Andererseits werden Textlängen beseitigt, in denen kein neues argumentatives oder informatives Moment steckt. Rechtfertigungen und Problematisierungen sollen anschließend an den konkreten Vorschlag vorgetragen und überlegt werden.

Für Rubrum und Tenor ergeben sich nur Kleinigkeiten. Im ersteren wären die Vornamen der Anwälte zu streichen, im zweiten wird vorgeschlagen, die Einzelaussprüche durchzunumerieren. Das Urteil könnte lauten:

Tatbestand

Die Klägerin war im Reisebüro des Beklagten für zuletzt 2600,— DM brutto monatlich als Expedientin beschäftigt.

Ende 1982 ging eine Buchung für eine TUI-Reise in der Zeit vom 23. Januar bis 6. Februar 1983 nach U. ein. Diese wurde mit Einverständnis der TUI auf die Eheleute E. umgestellt. Da die Reise nach U. nicht durchgeführt werden konnte, bot die TUI am 23. Dezember 1982 den Eheleuten statt dessen die Insel I. an. Sie schickte ihnen am 19. Dezember 1982 eine geänderte Reisebestätigung. Da die Kunden seinerzeit nicht erreichbar waren, verlängerte die Arbeitnehmerin Y. der Beklagten bei der TUI die Option bis 10. Januar 1983. Sodann übertrug sie der Klägerin die Aufgabe, die Optionsfrist zu überwachen bzw. die Option zu verlängern.

Die Parteien streiten darüber, ob die Klägerin dieser Verpflichtung nachgekommen ist.

Die Klägerin hinterließ eine schriftliche Nachricht für Frau Y., daß sie die Option bis 15. Januar 1983 verlängert habe. Nachdem die Kunden in der Folgezeit erklärten, daß sie die Reise nach I. nicht wünschten, wurde dies der TUI mit Schreiben vom 15. Januar 1983 mitgeteilt. Die TUI bestätigte die Stornierung sofort und übersandte unter dem 17. Januar 1983 zwei Stornorechnungen über jeweils 1593,— DM. Die Klägerin wies die TUI mit Schreiben vom 23. Januar 1983 darauf hin, daß sie die Option verlängert habe. Ab 4. Februar 1983 trat die Klägerin ihren Urlaub an. An diesem Tag ging ein Schreiben der TUI vom 30. Januar 1983 ein, in dem diese die Verlängerung der Option bestritt. Dieselbe Auskunft erhielt die Angestellte X. der Beklagten zwei Tage später noch einmal. Mit Schreiben vom 6. Februar 1983 bestätigte dies die TUI noch einmal und erließ im Kulanzwege 500,— DM. Nach der Rückkehr der Klägerin aus dem Urlaub am 3. März 1983 kam es zur Auseinandersetzung zwischen den Parteien über diese Angelegenheit, in deren Verlauf am 4. März 1983 eine fristlose Kündigung mündlich ausgesprochen wurde. Mit Schreiben vom 8. März 1983 kündigte der Beklagte abermals fristlos, hilfsweise fristgemäß.

Die Klägerin behauptet, am 10. Januar 1983 bei der TUI angerufen und die Option bis zum 15. Januar verlängert zu haben. Zu den Auseinandersetzungen nach ihrer Rückkehr sei es insbesondere gekommen, weil sie ein Schuldanerkenntnis habe unterschreiben sollen.

Die Klägerin hat die Anträge gestellt, denen oben unter 1 bis 3 entsprochen worden ist. Widerklagend verlangt der Beklagte von der Klägerin die Erstattung des von der TUI erhobenen Stornobetrages. Der Beklagte beantragt insoweit, die Klägerin zur Zahlung von 2686,— DM nebst 4 % Zinsen seit dem 13. Mai 1983 zu verurteilen.

Der Beklagte behauptet, die Klägerin habe keineswegs am 10. Januar 1983 die Option verlängert. Es sei ihr außerdem vorzuwerfen, daß sie die Angelegenheit nicht vor ihrer Abreise in den Urlaub mit dem Beklagten besprochen habe. Im übrigen habe sie sich renitent verhalten nach ihrer Rückkehr aus ihrem Urlaub und sich geweigert, eine schriftliche Schilderung des Vorfalls abzugeben. Die Klägerin sei im übrigen häufiger alkoholisiert zur Arbeit erschienen und sei deshalb im Sommer 1982 mehrfach abgemahnt worden. Auch am 3. März 1983 sei die Klägerin offensichtlich angetrunken gewesen.

Entscheidungsgründe

1. Die Klage ist begründet.

Für die fristlose Kündigung ist kein wichtiger Grund nach § 626 Abs. 1 BGB gegeben. Ebenso fehlt es an der sozialen Rechtfertigung der fristgemäßen Kündigung gemäß § 1 Abs. 2 KSchG.

Selbst wenn man unterstellt, die Klägerin habe pflichtwidrig die Option nicht verlängert, so ist problematisch, ob dies überhaupt für eine Kündigung ausreicht. Im Leistungsbereich sind nämlich zunächst einem vor Kündigungen Abmahnungen auszusprechen.

Vor allem aber kann ein derartiger Pflichtverstoß nicht unterstellt werden. Für die Darstellung der Klägerin spricht immerhin der schriftliche Vermerk vom 10. Januar 1983, dessen Existenz der Beklagte erst nach ausdrücklichem Hinweis der Klägerin bestätigte. Erst in der mündlichen Verhandlung vom 17. September 1983 hat der Beklagte von der Möglichkeit gesprochen, daß dieser Vermerk später angefertigt worden sein könnte, ohne dies jedoch weiter auszuführen. Es ist durchaus denkbar, daß die Angestellte der TUI, mit der die Klägerin telefoniert hat, die Angelegenheit verschlampt hat und deshalb jetzt versucht, die Schuld der Klägerin zuzuschieben. Die Tatsache, daß das Verschulden bei der Angelegenheit nicht mehr zu klären ist, geht zu Lasten des Beklagten. Der gegen die Klägerin erhobene Vorwurf ist auch nicht dermaßen schwerwiegend, daß allein der Verdacht für eine Kündigung ausreichte. Wenn die Klägerin die Option tatsächlich verlängert hätte, so kann man ihr auch nicht vorwerfen, die Angelegenheit nicht vor dem Urlaub mit dem Beklagten besprochen zu haben, da sie aus ihrer Sicht alles Nötige getan hatte.

Zur Abgabe einer schriftlichen Stellungnahme war die Klägerin nicht verpflichtet. Der Beklagte beruft sich in diesem Zusammenhang auf die Regelung der Angelegenheit mit der Versicherung. Die Versicherung verlangte jedoch gerade das Ausfüllen eines formularmäßigen Schuldanerkenntnisses. Dies spricht insoweit eher für die Version der Klägerin.

Der Vorwurf, die Klägerin sei häufiger alkoholisiert zur Arbeit erschienen, ist nicht substantiiert: Es ist nicht im einzelnen angegeben, an welchen Tagen dies der Fall gewesen sein soll, und wann wegen welcher Vorfälle unter Kündigungsandrohung abgemahnt worden sein soll. Selbst wenn man davon ausgeht, daß jedenfalls der Vorfall am 3. März 1983 substantiiert geschildert ist, so würde dies nicht zur Rechtfertigung der Kündigung ausreichen, da keine Verstöße davor sowie keine Abmahnung substantiiert dargelegt sind.

Daraus folgt der Fortbestand des Arbeitsverhältnisses und die Verpflichtung des Beklagten, die Klägerin weiterzubeschäftigen. Zwar hat das Bundesarbeitsgericht in seiner Entscheidung vom 26. Mai 1977 (DB 1977, 2099 ff.) die Meinung vertreten, daß sich ein Weiterbeschäftigungsanspruch über das Ende der Kündigungsfrist hinaus bei Streit über den Fortbestand des Arbeitsverhältnisses als unzulässige Rechtsfortbildung mit dem geltenden Recht nicht vereinbaren lasse, da der gesetzlichen Regelung des § 102 Abs. 5 BetrVG der deutliche Hinweis entnommen werden könnte, daß ein Beschäftigungsanspruch während des Kündigungsrechtsstreits nur unter sehr engen Voraussetzungen anzuerkennen sei. Die gesetzgeberische Grundentscheidung des § 102 Abs. 5 BetrVG stelle eine sachgerechte Lösung des Regelungskomplexes dar.

Dieser Auffassung vermag sich die Kammer jedoch nicht anzuschließen.

Anspruchsgrundlage für den Weiterbeschäftigungsanspruch ist der durch Art. 1 und 2 GG gegebene Persönlichkeitsschutz des Arbeitnehmers (BAG AP Nr. 2 zu § 611 BGB „Beschäftigungspflicht"). Die Art. 1 und 2 GG sind unmittelbar geltendes Recht. Damit können durch die Regelungen des § 102 Abs. 5 BetrVG auch nicht die grundgesetzlich geschützten Rechte eingeschränkt werden. Auf für die vom Bundesarbeitsgericht bejahten Fälle eines Weiterbeschäftigungsanspruchs bei offensichtlich unwirksamen Kündigungen kommen als Anspruchsgrundlage nur die Art. 1 und 2 GG in Betracht. Wenn somit der Weiterbeschäftigungsanspruch allein seine Grundlage in Art. 1 und 2 GG findet, ist dogmatisch kein Unterschied zu machen zwischen einem unstreitig bestehenden Arbeitsverhältnis und einem infolge einer unwirksamen Kündigung nicht aufgelösten Arbeitsverhältnis, wobei im Streitfalle eine gerichtliche Entscheidung das Fortbestehen besonders feststellen muß. Dies ist im vorliegenden Fall geschehen.

2. Die Widerklage ist unbegründet.

Wie den obigen Ausführungen zur Rechtfertigung der Kündigung zu entnehmen ist, kann der Beklagte den Beweis, daß sich die Klägerin der entsprechenden Pflichtverletzung schuldig gemacht hat, nicht erbringen.

3. Als Streitwert für die Anträge zu 1. und 2. sind drei Monatsverdienste angesetzt, für den Antrag zu 3. ein weiterer Monatsverdienst. Dem war der Betrag der Widerklage hinzuzurechnen.

5.3.1.5 Zur Zulässigkeit und zur Effizienzeinschätzung der Kürzung

Über die Rechtfertigung der in der ersten Kürzungsstufe vorgeschlagenen Veränderung des Originaltextes wird man im einzelnen lange diskutieren können.

Schon die Grenzlinie zwischen Inhaltsveränderung und Umformulierungen ist fließend. Fernerhin muß man dem Umstand Rechnung tragen, daß paradoxerweise sprachliche Längen in einem längeren und damit notwendig unübersichtlichen Text für den Leser eine wichtige orientierende Funktion haben. Wiederholungen können durchaus notwendig sein, nämlich dann, wenn ohne die Wiederholung dem Leser der Sinnzusammenhang nicht sicher präsent ist. Hierzu wird man aber für die Mehrheit aller Urteile wie auch für das vorliegende sagen können, daß erstens der interessierte Leser die Übersicht behalten kann, und daß zweitens die Übersichtlichkeit durch die Kürzungen noch einmal wesentlich gesteigert wird, insofern die Informationen enger aneinander gerückt sind und die Zusammenhänge überschaubarer bleiben.

Weggelassen wurde die Passage zur Begründung der Kündigung mit der Behauptung, die Beklagte werde vom Ehemann geprügelt; insoweit sei nur kurz an die Rechtsprechung des Bundesverfassungsgerichts erinnert, wonach sich Gerichte nicht mit allem Vorbringen schriftlich beschäftigen müssen[15]. Die Weglassung von Abwegigem begründet nicht den Verdacht, der Richter habe jenen Gesichtspunkt übersehen und das Urteil beruhe hierauf.

Normativ könnte die unkonventionelle Weglassung von Anträgen und Kostenbegründung anstößig sein. Die hier gewählte Fassung ist aber mit § 313 Abs. 2 Satz 1 ZPO vereinbar[16].

Die Hervorhebung der Anträge soll das Urteil übersichtlich machen und die Herrschaft der Parteien für das Verfahren bestätigen. Beide Zielsetzungen verlangen aber nicht notwendig eine Volltextwiedergabe jenseits des Tenors, und es sind namentlich die Abweisungsanträge als Selbstverständlichkeiten entbehrlich. Dieser letzte Gedanke gilt auch

15 s. oben Abschnitt 2.6.2.

16 *Mattern*, DRiZ 1960, S. 12; ausdrücklich dazu *Stanicki*, DRiZ 1983, S. 270.

für den üblichen Hinweis auf § 91 ZPO, der schließlich auch bei Vollzitat des Gesetzestextes keine Begründung wäre[17].

Diese sicherlich gegen stark internalisierte Konventionen verstoßenden Kürzungen wurden auch deshalb vorgenommen, um für die 1. Kürzungsstufe bereits das Maximum zu realisieren. Für die Tendenzaussage, daß in dieser Kürzungsstufe keine allzu großen Ressourcenersparnisse stecken, bildet die volle Ausschöpfung auch der möglicherweise problematischen Spielräume eine wichtige Prämisse.

Hinsichtlich des Verweises auf Einzelheiten des Sach- und Streitstandes (§ 313 Abs. 2 Satz 2 ZPO) ist festzuhalten, daß man diese vom Akteninhalt unterscheiden muß. Akten enthalten ziemlich viel, was mit Sache und Streit nichts zu tun hat. Deshalb ist eine Bezugnahme auf Aktenblätter nur dann (und zwar natürlich jeweils konkret) sinnvoll, wenn relevante Einzelheiten gemeint sind. Sinnlos ist die unsubstantiierte pauschale Bezugnahme; nach anderer Ansicht ist sie sogar unzulässig[18]. Wie immer man aber die Sollvorschriften in § 313 Abs. 2 ZPO interpretiert, jedenfalls sind die eben dargelegten Textkürzungsmöglichkeiten im Verhältnis nicht von großer Bedeutung. Wichtiger ist die Frage, welche Nach- und Vorteile die kürzere Urteilsfassung unter dem Gesichtspunkt der Ressourcenersparnis hat. Ein Nachteil könnte darin liegen, daß der Richter für den Arbeitsvorgang der Selektion relevanter Umstände mehr Zeit braucht als für eine redundante Geschichtserzählung, bei der man sich keine Gedanken darüber machen muß, ob in der Masse des Mitgeteilten auch nichts Relevantes vergessen wurde. Sorgfältig auf Kürze bedachte Ausführungen sprechen sich namentlich in ein Diktiergerät schwerer und sind am Ende eventuell zeitaufwendiger als weitläufige Darstellungen, die sich dann auch direkter an den schriftsätzlichen Vortrag der Anwälte anschließen können. Dies ändert nichts daran, daß weggelassene Teile als gesparte Sekunden und Minuten der Schreib- und Diktierarbeit in Anschlag zu bringen sind. Daran ist namentlich im Hinblick auf eher rituelle Elemente zu erinnern, wie z. B. bestätigende Wiederholungen oder ausführliche Antragswiedergaben. Eine zur Konvention erstarrte Wiedergabe solcher Teile braucht immer noch etwas Zeit, die gespart würde, wenn sie genauso umstandslos konventionell weggelassen würden. Uneingeschränkt arbeitssparend ist die verkürzte Fassung für den Schreibdienst. Eine gewisse Erleichterung ergibt sich auch für kontrollierende Lesetätigkeit des Richters vor der Unterschrift. Daß ein Urteil dieser Kürzungsstufe allein aufgrund der Kürze rechtsmittelträchtiger sein soll, was dann als Mehrarbeit anzusetzen wäre, ist nicht zu sehen.

---

17 Vgl. dazu BGHZ 39, S. 337.

18 *Schellhammer*, Arbeitsmethode, S. 54.

Als Gesamtergebnis stellt sich damit heraus: Durch eine bloße Entlastung des Textes von längeren Formulierungen, Wiederholungen und normativ motivierten Konventionen sind nicht allzu viele Zeilen in konkreten Urteilen zu sparen. Das Verhältnis der realen Ersparniselemente auf mehreren Ebenen der Arbeitsvorgänge zu den höheren Anforderungen an Konzentration und Sorgfalt bei der Textformulierung ist schwer einschätzbar. Das Beispiel gibt insgesamt jedenfalls kein Anrecht, der verbreiteten Meinung von Richtern zu widersprechen, daß kürzere Formulierungen am Ende mehr Arbeit machten als die bisher übliche Textlänge. Wenn man also die Standards der Informationswiedergabedichte beibehält, dann steckt jedenfalls in der Varianzbreite unterschiedlich langer Formulierungen kein großes Ressourcenvolumen, das für die Gesamteffizienz des Arbeitsgerichts von Interesse sein konnte.

5.3.1.6 Zweite Kürzungsstufe: Wesentliche Informations- und Begründungsbegrenzung

Die zweite Kürzungsstufe orientiert sich daran, daß die Parteien und Prozeßbevollmächtigten einerseits ein vollständiges Informationsvolumen besitzen und andererseits über die ausführlichere Erörterung der Sach- und Rechtslage (§ 139 Abs. 1 ZPO) auch normativ gründlich vorinformiert sind. Das Anforderungsniveau des § 313 ZPO wird auf diesem Hintergrund interpretiert. Gewahrt wird natürlich auch die Notwendigkeit, daß der Umfang der Rechtskraft für die Parteien deutlich ist. Zu Rubrum und Tenor kann auf das Vorangegangene verwiesen werden.

Das Urteil:

I.

Der Beklagte mußte als Inhaber seines Reisebüros an die TUI 2686,— DM Stornokosten bezahlen, da nach der Darstellung der TUI eine bestimmte Reise nicht rechtzeitig abgesagt wurde. Die Parteien streiten vor allem darum, ob die Klägerin als Arbeitnehmerin des Beklagten den ihr dazu erteilten Auftrag schuldhaft nicht richtig ausgeführt hat.

Der Beklagte hat die Klägerin mündlich am 4. März 1983 fristlos und noch einmal am 8. März 1983 schriftlich und dabei auch hilfsweise fristgemäß gekündigt.

Dazu trägt die Klägerin vor, zu den Auseinandersetzungen Anfang März sei es hauptsächlich gekommen, weil sie ein Schuldanerkenntnis habe unterschreiben sollen. Die Klägerin hat die Anträge gestellt, denen oben entsprochen worden ist.

Der Beklagte hat widerklagend beantragt, die Klägerin zur Zahlung von 2686,— DM mit 4 % Zinsen seit dem 13. Mai 1983 zu verurteilen.

Neben der besagten Pflichtverletzung behauptet der Beklagte, die Klägerin habe nur eine schriftliche Schilderung des Vorfalls abgeben sollen; ferner sei sie verschiedene Male im Dienst alkoholisiert gewesen und deshalb abgemahnt worden.

II.

Sowohl für eine fristlose sowie für eine fristgemäße Kündigung fehlt es an den Voraussetzungen.

Hinsichtlich der Pflichtverletzung fehlt es schon an einer Abmahnung. Vor allem aber bleibt u. a. die Möglichkeit offen, daß nicht die Klägerin, sondern die TUI den entscheidenden Fehler gemacht hat. Der Beklagte hätte Beweise für seine Darstellung erbringen müssen. Der Verdacht genügt nicht.

Eine schriftliche Stellungnahme abzugeben, war die Klägerin nicht verpflichtet. Deshalb kann auf sich beruhen, ob ein Schuldanerkenntnis verlangt wurde.

Auch der umstrittene Alkoholeinfluß während der Arbeit rechtfertigt keine Kündigung. Es fehlt bereits an substantiierter Darlegung der behaupteten Abmahnungen. Bei Unwirksamkeit der Kündigung besteht das Arbeitsverhältnis fort; es ist auch weiterzubeschäftigen.

Zwar hat das Bundesarbeitsgericht gemeint, aus § 102 Abs. 5 BetrVG folge, daß ein Beschäftigungsanspruch während des Kündigungsrechtsstreites nur unter sehr engen Voraussetzungen anzuerkennen sei; diese gesetzgeberische Grundentscheidung stelle eine sachgerechte Lösung des Regelungskomplexes dar (DB 1977, S. 2099 ff.). Entscheidend ist aber, daß der Weiterbeschäftigungsanspruch als Persönlichkeitsschutz des Arbeitnehmers (BAG AP Nr. 2 zu § 611 BGB „Beschäftigungspflicht") aus Art. 1 und 2 GG folgt. Wenn schon die vom Bundesarbeitsgericht konzedierten Fälle von Weiterbeschäftigungspflicht auf diesen Grundgesetzartikeln beruhen, dann gilt dies auch für alle Fälle unwirksamer Kündigungen.

Auch hinsichtlich der vom Beklagten beanspruchten Stornokosten hatte er die Beweislast für eine Pflichtverletzung der Klägerin.

Der Streitwert ist die Summe von drei Monatsverdiensten à 2600,— DM für die Anträge 1 und 2, einem weiteren Monatsverdienst für den 3. Antrag und dem Betrag der Widerklage.

5.3.1.7 Zur Zulässigkeit und Effizienzeinschätzung der zweiten Kürzungsstufe

Angesichts der vorgelegten recht scharfen Kürzung kann sicher die Frage erwoben werden, ob diese Urteilsfassung mit § 313 ZPO in Übereinstimmung steht. Man kann aber auch ebensogut die gegenteilige Frage stellen: Sollte nicht dieser Grad von Kürze die Normalität sein, angesichts derer die Übereinstimmung von Originalurteil und § 313 ZPO fraglich ist? Die Tatbestandsmerkmale „nur", „wesentlicher Inhalt", „knapp", „Einzelheiten", „kurz" und „Zusammenfassung" in § 313 Abs. 2 und 3 ZPO bieten einen beträchtlichen Spielraum und ermöglichen jedenfalls nicht, die vorgelegte zweite Kürzungsstufe als unzulässig zu disqualifizieren. Es läßt sich nicht behaupten, daß die erhobenen Ansprüche und die dazu vorgebrachten Angriffs- und Verteidigungsgründe wie die entscheidungsbegründenden Erwägungen nicht mehr erkennbar wären. Zugegeben ist allerdings, daß die Rechtsprechung zum Revisionsgrund des § 551 Nr. 7 ZPO[19] schwer einzuschätzen ist. Die kritisierten Urteile der unteren Instanzen werden regelmäßig in den einschlägigen Entscheidungen nicht ausführlich mitgeteilt, so daß die Literatur darauf verwiesen ist, „Nuancierungen"[20] zu registrieren, ohne klare handlungsleitende Regeln entwickeln zu können. Insgesamt aber müssen die geringen Ausführlichkeitsanforderungen des jetzigen § 313 ZPO auch hier eine Weiterentwicklung der Rechtsprechung zur Folge haben[21].

Eine andere Frage ist es, ob man die Konvention hinsichtlich der Antragswiedergabe und der Kostenentscheidung beibehalten sollte. An dieser Stelle wurde die kürzere Fassung hauptsächlich deshalb gewählt, um eine optische Vergleichbarkeit mit der ersten Kürzungsstufe herzustellen. Die Frage kann im folgenden vernachlässigt werden, da ja hier kein relevantes Kürzungsvolumen steckt.

Wollte man hinsichtlich der zweiten Kürzungsstufe monieren, daß eine Reihe professioneller Anforderungen nicht beachtet wird (scharfe Trennung von Tatbestand und Gründen, Bezugnahmen mit Blattangaben o. ä.), dann wäre hier daran zu erinnern, daß auch die insoweit völlig normale Originalfassung in Übereinstimmung mit den akzeptierten Standards nicht pedantisch verfährt. Entbehrlich ist deshalb auch die übliche optische Hervorhebung der Worte Tatbestand und Entscheidungsgründe. Es genügt die vorgeschlagene Kennzeichnung mit römischen Ziffern.

Der Nachteil einer solchen Kurzfassung besteht im Arbeitsvorgang hauptsächlich darin, daß der Richter sich beim Schreiben oder Diktieren seines Urteils voll von den Anwaltsschriftsätzen lösen muß. Er kann nicht seinen Stichwortzettel zum Akteninhalt nehmen und die dort notierten Blattziffern anblättern und Stück für Stück zum Tatbestand zusammensetzen, wie er auch in den Entscheidungsgründen von neuem frei formulieren muß. Dieser Effekt betrifft aber nur diejenigen Richter, die eine solche Arbeitsgewohnheit haben. Jedenfalls wird er sicherlich überwogen durch die Schnelligkeit des Diktierens. Das Grobgerüst der Informationen und Erwägungen müssen sowieso in Gedanken vorhanden sein, so daß es dann nur nötig ist, es in derselben Kürze auch darzustellen.

---

[19] Vgl. besonders BAG AP Nr. 9 zu § 551 Nr. 7 ZPO mit Anm. *Schumann* m. w. N.; ferner BGHZ 39, S. 333.

[20] *Schumann*, Anm. zu BAG AP Nr. 9 § 551 Nr. 7 ZPO.

[21] Die veröffentlichten neuen Entscheidungen betreffen allerdings hier nicht einschlägige Fälle: BGHZ 79, S. 249 ist durch spezielle Streitwertprobleme veranlaßt, BGH, VersR 1979, S. 348, 349 betrifft eine untergangene Verjährung.

5.3.1.8 Ergebnis des Vergleichens von Original und Kürzungsstufen

Im Verhältnis von Original und erster Kürzungsstufe zeigt sich deutlich, daß ein Urteil, das derzeitigen Standards entspricht, durchaus ohne jede Informationseinbuße zu kürzen ist. Wesentlicher ist aber die Differenz zwischen der ersten und der zweiten Kürzungsstufe. Diese Differenz dürfte in Minuten Arbeitszeit stärker ins Gewicht fallen als in geschriebenen Zeilen. Während Kürzungen nach der Art der ersten Kürzungsstufe angesichts der Varianzbreite der Fallgestaltungen und der individuellen richterlichen Arbeitsstile recht oft zu keinen oder nur unwesentlichen Ersparnissen führen dürften, läßt sich für die zweite Kürzungsstufe ein wesentlich positiveres Urteil fällen. Eine Generalisierung der zweiten Kürzungsstufe könnte das Gesamtaufkommen an Arbeit für Urteilsformulierungen in der Arbeitsgerichtsbarkeit in einem nicht zu vernachlässigenden Umfang senken.

5.3.2 Durchsetzungsprobleme

5.3.2.1 Vorgehensweise

Der nachfolgende Abschnitt schildert eingangs den Sachverhalt, daß Normen des Verfahrensrechts, die für den Richter nach der gesetzgeberischen Vorstellung handlungsleitend sein sollen, dies nicht immer sind. Dem schließt sich die Frage an, ob von außen auf richterliches Verhalten in Verfahren überhaupt Einfluß genommen werden kann. Beide Abschnitte zusammengenommen haben zwei Funktionen: Zum einen soll schon hier deutlich gemacht werden, daß andere Instrumente der Veränderung gebraucht werden als das Gesetz; zum anderen soll in der Analyse auch gezeigt werden, daß die Schwierigkeiten der Einflußnahme auf Verfahren nicht absolut zu sehen sind. Man muß der in der juristischen Öffentlichkeit verbreiteten Meinung widersprechen, es gäbe bestimmte Gründe, die eine Effizienzsteigerung von Verfahren durch Maßnahmen von außen verhinderten. Dies rechtfertigt, vorab die drei gängigsten Grundmuster der „defaitistischen" Argumentation darzustellen und etwas näher zu erörtern.

Diese Auseinandersetzung ist auch deshalb nötig, weil sie häufig in einer gemäßigteren, aber in Stoßrichtung und Effekt gleichen Form auftritt. So soll die konkrete Verfahrensgestaltung Folge einer spezifischen juristischen Ausbildung sein (Orientierung auf Urteilsabfassung, auf Revisionsentscheidungen, auf Dogmatik, auf Umgang mit starren oder durch Selektionsmechanismen starr gemachten Sachverhalten etc.). Wenn dem so wäre, dann wäre jede wirkliche Veränderung nur durch

Ausbildungsreform erreichbar, und damit wären andere Reformüberlegungen sinnlos, respektive auf viele Jahre hinaus zu vertagen.

Als Ausgangspunkt ist allerdings in der Tat festzuhalten, daß die Gesetzesnormen offenbar die konkrete Verfahrensgestaltung wenig beeinflussen. Nach der Neufassung des § 313 ZPO ergab z. B. eine Umfrage in Hamburg, daß die weit überwiegende Zahl der Richter am Landgericht ihr Verhalten nicht deswegen geändert hatte; einige Richter hatten nach ihrer Meinung bereits vorher die noch nicht gesetzlichen Kürzungsmöglichkeiten ausgeschöpft und taten nun dasselbe wie früher, nur mit besserem Gewissen[22]. Zu einem anderen Reformanliegen wird gemeldet, daß in zwei von neun Senaten eines Oberlandesgerichts die Gesetzesänderung schlicht ignoriert wird, weil die Vorsitzenden dies wünschen[23]. Zu Präklusionsvorschriften, eine der zentralen Beschleunigungsideen, liest man die Äußerung eines vorsitzenden Richters am Landgericht: „Es mehren sich jedoch die Anzeichen, als ob die durch das neue Gesetz gegebenen Anstöße zur Beseitigung einer weitreichend als unbefriedigend angesehenen Verfahrensweise sich bereits verbrauchen und mancherorts die Praxis in ihren alten Trott zurückfällt[24]." Ein Grund liegt sicher in der Tatsache, daß ein positives Adjektiv wie z. B. „knapp" von jedem Richter gern für eine Urteilsbegründung in Anspruch genommen wird, wobei das Selbstbild hier etwas verklärt sein mag. So wird auch im Arbeitsgerichtsprozeß der Grundsatz des beschleunigten Verfahrens (§ 9 Abs. 1 Satz 1 ArbGG) von einem Richter als „Selbstverständlichkeit" gesehen[25] — wobei man vermuten kann, daß Selbstverständlichkeiten keine gesonderte eigenständige Wirksamkeit entfalten. Für andere Verfahrensarten ließen sich noch zahlreiche Beispiele anführen, die alle die Wirkungslosigkeit von Normen, die auf Handlungsanleitung der Richter zielen, zeigen[26]. Auch relativ selbstverständliche Regeln, wie die rasche Absetzung des Urteils, haben eine unklare Befolgungsquote; jedenfalls finden sich immer wieder Hinweise auf verblüffend verzögerte Absetzungen[27]. Ein eindrucksvolles Beispiel für

---

[22] s. *Raabe*, DRiZ 1979, S. 136.

[23] Vgl. ebd., S. 137.

[24] *Lange*, DRiZ 1980, S. 408.

[25] *Lepke*, BB 1982, S. 2191.

[26] Vgl. zum Öffentlichen Recht die Handhabung von „offenbar unbegründet", Hess. Staatsgerichtshof, KJ 1982, S. 131 und JZ 1971, S. 522; zum Strafrecht vgl. *Otto*, NJW 1978, S. 1 ff., besonders Fn. 56; zum Familienrecht eine Entscheidung, auf die oben bereits angespielt wurde: Gibt das Gericht am Anfang seine Meinung bekannt, so handelt es sich um eine vorläufige Meinung, von der stillschweigend klar ist, daß keine Besorgnis der Befangenheit gerechtfertigt ist; KG, FamRZ 1979, S. 323; auch diese Neuerung der Dogmatik ist von entsprechenden Normänderungen des Gesetzgebers unabhängig entschieden worden.

die Art und Weise, wie die Rechtsprechung mit Normen umgeht, die ihr Schwierigkeiten machen, lieferte die Wochenfrist des früheren § 310 Abs. 1 ZPO. Es hatte sich eine ganz herrschende Meinung gebildet[28], wonach dieses Gesetz durch die Rechtsprechung derogiert sei.

Angesichts dessen kann nicht verwundern, daß die Nachrichten über den realen Zustand der Justiz immer punktuell sind und nur dann nicht regional, wenn auf großen Tagungen bundesweiter Erfahrungsaustausch zustande kommt. Dieser ergibt aber das Bild einer „Zivilprozeßlandschaft", die buntscheckig ist[29]. Der Erfolg der Normen der Beschleunigungsnovelle war also nicht die Einheitlichkeit, die dem Gesetz entsprach.

Man kann sicher sein, daß dies in besonderem Maße für die Länge der Urteilsabfassung gilt.

5.3.2.2 Urteilslänge als ausschließliche Funktion von Streitstoff?

Zu prüfen ist deshalb die öfters zu hörende Meinung, die Länge derzeitiger Urteile (und auch die Möglichkeit von Problembewältigungen durch mündliche Verhandlung) sei ausschließlich Folge der Kompliziertheit des Streitstoffes.

Um die Ausschließlichkeit des Zusammenhanges zu widerlegen, genügt ein Gedankenexperiment. Ausgegangen werden kann von der Prämisse, daß die derzeit real zu betreibenden Prozesse hinsichlich ihres Komplexitätsgrades in ein stetiges Steigerungskontinuum eingeordnet werden können. Anders gesagt: Man kann annehmen, daß es keine plötzlichen Stufen der Komplexitätssteigerung gibt. Es ist nicht so, daß es zwar einerseits Prozesse gibt, die bis zu drei Monaten Zeit brauchen, aber andererseits erst wiederum Prozesse, die acht Monate Zeit brauchen, während Prozesse mit einer notwendigen Länge von vier, fünf, sechs und sieben Monaten überhaupt nicht vorkommen.

Dieselbe Stufenlosigkeit kann für die Seitenzahlen eines Urteils angenommen werden, wenn diese lediglich Funktionen der Fallkomplexität sind. Diese Aussagen gelten natürlich ebenso für Durchschnittsbildungen innerhalb von gleichmäßig gebildeten Gruppen.

Der Testfall ist die Veränderung von Streitwertgrenzen, wie sie für die Zivilgerichte stattgefunden hat. In einer Aktenanalyse wären die Seitenzahlen auszuzählen, die für Urteile in folgenden Streitwertbe-

---

[27] Vgl. OLG Celle, NJW 1969, S. 520; BVerfG, MDR 1976, S. 782; BAG, NJW 1982, S. 2792.

[28] s. *Vollkommer*, NJW 1968, S. 1310.

[29] *Rudolph*, DRiZ 1978, S. 366.

reichen aufgewandt worden sind: 2000—2500 DM; 2500—3000 DM; 3000—3500 DM; 3500—4000 DM; 4000—4500 DM; 4500—5000 DM; 5000—5500 DM; 5500—6000 DM. Bei einer Auszählung der Seitenlänge in einem die Veränderung übergreifenden Zeitraum könnte man feststellen, ob es zwischen Amts- und Landgerichtsurteilen vor der Streitwerterhöhung einen Bruch gegeben hat, und ob es denselben Bruch jetzt auch bei der jetzigen Streitwertgrenze gibt. Das Ergebnis des Gedankenexperimentes ist insoweit klar:

Allein die Tatsache, daß ein Streit, der der durchschnittlichen Komplexität des Streitwertes von 4000 DM entspricht, jetzt beim Amtsgericht behandelt wird, führt zu einer kürzeren Urteilsfassung als beim Landgericht. Die Urteilslängen verschiedener Eingangsinstanzen liegen nicht in ein und demselben Kontinuum, sondern hier gibt es „unerklärliche“ Brüche.

Während man hinsichtlich dieser empirischen Aussage bereits mit dem Gedankenexperiment zufrieden sein kann, sind andere Zusammenhänge sehr viel schwerer zu erfassen. So wäre es reizvoll, die Entwicklung der durchschnittlichen Urteilslängen über die Jahre zu verfolgen. Es könnte sein, daß auch bei den Urteilslängen jene schwierigen Abhängigkeiten von den Eingangszahlen zu konstatieren sind, die oben für den Zusammenhang von Eingangszahlen und Prozeßdauer in Monaten referiert wurden.

Jedenfalls ist belegt, daß es weitere intervenierende Variablen gibt, über die nachzudenken lohnt.

5.3.2.3 Urteilslänge als Funktion der Selbstdarstellung?

Gelegentlich ist die Meinung zu hören, daß die Abfassung eines Urteils für die Richter notwendiges Element der Selbstdarstellung sei, und daß dieses weder stark kürzbar noch auf mündliche Urteilsbegründungen transferierbar sei. Daran ist sicherlich einiges richtig, aber in Frage steht hier die Ausschließlichkeit des Zusammenhangs. Richtig ist, daß richterliche Arbeit zu einem erheblichen Anteil von außen nicht wahrgenommen wird. Man kann sich mehr oder weniger Mühe in Verhandlungen oder in der Arbeit an der Akte geben; der Grad der Mühe ist nicht unbedingt für Parteien, Prozeßbevollmächtigte, Kollegen oder Rechtsmittelinstanzen einschätzbar. In einem anderen Diskussionszusammenhang hat sich für dieses Phänomen der Terminus „spurlose Arbeit“ eingebürgert. Spurlose Arbeit erzeugt eine gewisse psychische Schwierigkeit, weil sie nur schwerlich Gegenstand von fremdbestimmten Gratifikationen werden kann; aber auch die Selbstbestätigung ist erschwert.

Man muß dem aber entgegenhalten, daß es ganz unbestreitbar eine Menge anderer Möglichkeiten für den Richter gibt, die zentrale Bestätigung aus seiner Arbeit im Einzelprozeß zu ziehen. Hier genügt es, auf ein Beispiel hinzuweisen. Die Höhe der Vergleichsquote ist ein ständiges Gesprächsthema unter Richterinnen und Richtern, und ein Teil der Richter bezieht eine wichtige Selbstbestätigung aus einer hohen Vergleichsquote. Das ist wohl nicht unabhängig davon, daß z. T. sogar die Höhe der Vergleichsquote bei Karriereentscheidungen als Qualifikationselement behandelt wird. Jedenfalls im Kreis der immer vorhandenen Mehrfachprozessierer im weiteren Sinne (Parteien, Prozeßbevollmächtigte, Sachverständige) gibt es einige Rückmeldungen an den Richter, die seine Selbstbestätigung unabhängig vom Abfassen der Urteile tragen.

5.3.2.4 Urteilslänge als Funktion von Detailroutinen (am Beispiel der Häufigkeit von Belegen)?

Eine prinzipielle Unabänderlichkeit des Aufwandes für Verfahren und Urteilsdarstellungen wäre auch gegeben, wenn diese stark von individuellen und internalisierten Detailroutinen bestimmt würden.

Die Ausschließlichkeit des Zusammenhangs kann hier am Beispiel der Häufigkeit von Belegen (Hinweise oder auch Zitate auf Rechtsprechung oder juristische Literatur) untersucht werden.

Die Literatur hierzu ist von verblüffender Dürftigkeit. Interessant ist eine hauptsächlich qualitative Untersuchung von Schneider[30] zur Zitierpraxis des Bundesgerichtshofs. Darüber hinaus steht eine selbstgefertigte Auszählung der Zitierpraxis von Reichsgericht und Bundesgerichtshof in Zivilsachen zur Verfügung.

Die Materialien und die bekannte Praxis des Bundesarbeitsgerichtes sind nun in doppelter Weise interessant. Einmal zeigen sie natürlich die Arbeitsgewohnheiten von Richtern, wenngleich von Richtern der 3. Instanz. Zum anderen aber ist zu vermuten, daß die Obergerichte in der Aus- und Fortbildung und durch eine gewisse Vorbildwirkung auf die Belegpraxis der unteren Gerichte einwirken. Die jetzt arbeitenden Arbeitsrichter haben eine stark am Zivilrecht, und innerhalb des Zivilrechts eine überwiegend an Urteilen des Bundesgerichtshofs orientierte Ausbildung absolviert; die Veröffentlichungsfülle des Bundesarbeitsgerichtes ist ihre ständige Lektüre. Man kann deshalb annehmen, daß auch die Untergerichte ähnliche Entwicklungen machen wie die Obergerichte, wenngleich die absoluten Zahlen der Belege bekanntlich sehr viel geringer sind. Dies ist schon der erste Punkt, der hinsichtlich der fraglichen Routinen irritieren muß: Wenn es so ist, daß verschiedene

---

[30] *Schneider*, ZZP 1964, S. 222 ff.

Instanzen verschiedene Routinen entwickeln, dann haben die Richter der 2. und 3. Instanz jeweils durch den Aufstieg offenbar eine Routinenveränderung erlebt. Die Ursachen dafür wären zu erforschen.

Die selbstgefertigte Untersuchung zur Belegdichte in den Entscheidungen des Reichsgerichts und des Bundesgerichtshofs in Zivilsachen hat Ergebnisse gezeigt, die für das Reichsarbeitsgericht und für das Bundesarbeitsgericht nicht viel anders ausfallen dürften. Hier sind die folgenden von Interesse: Die Belegdichte wechselt im Laufe der Jahrzehnte; sie schwankt in beträchtlichem Maße (Größenordnung bis zu 100 %); es ergeben sich Abhängigkeiten von gesamtgesellschaftlichen Situationen (nach 1933 anders als vorher; in der Nachkriegszeit anders als in den 60er Jahren); es gibt beträchtliche Unterschiede zwischen Problembereichen. Dasselbe Ergebnis hat sich übrigens bei der genannten Auszählung auch für die Länge von Urteilen in der Veröffentlichungspraxis ergeben. Auch die durchschnittliche Länge von Urteilen schwankt über die Jahrzehnte. Da zumindest die gesamtgesellschaftlichen Einflüsse und die instanzinternen Standards registrierbar sind, kann man nicht behaupten, daß die individuellen Detailrouten nicht von außen beeinflußt würden.

An dieser Stelle sei darauf hingewiesen, daß solche Überlegungen noch nichts über den richterlichen Zeitaufwand für mehr oder minder ausführliche Belege aussagen. So steht zu vermuten, daß die oben in dem Beispielsfall im Originalurteil angegebenen zwei Belege für die Praxis des Gerichts in der Frage des Weiterbeschäftigungsanspruchs keinen nennbaren Arbeitsaufwand bedeutet haben. Es handelte sich um ein fortlaufend wiederkehrendes Problem, zu dem der Richter sowieso Notizen in seiner Handakte oder seiner Kartei haben mußte. Wollte man solche Belege weglassen, so wäre die Arbeitsersparnis etwa so groß wie bei der Weglassung des Hinweises „die Kostenentscheidung beruht auf § 91 ZPO". Ähnliches gilt für Belege, die an argumentativ unwesentlichen Stellen eingefügt werden. Man mag zwar die Schreibarbeit bedauern, aber gerade bei eigentlich überflüssigen Belegen hat es der Richter weitgehend in der Hand, solche Belegstellen anzugeben, die er ohne jeden Arbeitsaufwand aus einem vorangegangenen Urteil oder von einer greifbaren Karteikarte übernehmen kann. Insofern dürften überflüssige und unpräzise Belege[31] intellektuell ärgerlich sein, aber je mehr belegt wird, desto geringer dürfte der Zeitaufwand für Auffinden und Übernahme des einzelnen Belegs gewesen sein. Das relativiert den Gedanken, durch Veränderung von Belegtechnik Aufwandersparnis zu betreiben, beträchtlich.

---

[31] Vgl. zu den verschiedenen möglichen Kritikpunkten ebd.

5.3.2.5 Modellverfahren als Instrument der Veränderung richterlicher Arbeitsgewohnheiten

Verfolgt man weiter die Idee, Verfahrensbeschleunigung durch eine Kombination von verstärkter Mündlichkeit und extrem kurzer Urteilsfassung zu verfolgen, dann stellt sich das Problem in aller Schärfe, wie eine solche Veränderung zu bewirken ist.

Zu richterlichen Routinen existiert sehr wenig Literatur. Die wichtigste Veröffentlichung[32] klagt ebenfalls über die mangelnde theoretische Durchdringung des Phänomens Routine. Sie befaßt sich aber nicht mit dem Problem, Routinen aktuell zu äußern, sondern mit Ausbildungsfragen; aus diesem Grunde ist aus ihr für die hier anstehende Fragestellung nichts abzuleiten[33].

Soweit sich Routinen in Arbeitsergebnissen wie Längen von Urteilen niederschlagen, werden sie auch Einstellungen zur Basis haben, also z. B. Anschauungen darüber, was der Bürger als Leser des Urteils versteht und in welchem Maße der Richter sich auf ein offenes Gespräch, das ja immer Gleichheit impliziert, mit den Prozeßparteien einlassen kann. Die Veränderung von Einstellungen ist im weitesten Sinne Thema der Sozialpsychologie[34]. Die Veränderung von menschlichem Wissen, Verhalten, Denken und Fühlen ist auch Thema der Lernpsychologie, die mit der Frage der Einstellungsänderung verbindet[35]. Aus diesen Theoriezusammenhängen ist jedenfalls eines zu lernen: Freiwillige und auf Dauer gestellte Wissens- und Verhaltensänderungen kraft Lernen geschehen in ganz unterschiedlichen Formen. Schon die gröbste Unterscheidung, nämlich diejenige von assoziativem, instrumentellem und Modellernen hat keine Berührung mehr mit demjenigen Modell von Verhaltensänderung, das in Praxis und Wissenschaft des Rechts dominant ist. Um diesen Punkt noch einmal deutlicher hervorzuheben: Der Gesetzgeber, der das Wort „knapp" in den Gesetzestext von § 313 ZPO aufgenommen hat, hat offenbar gemeint, diese Druckerschwärze im Bundesgesetzblatt habe die Eigenschaft, vermittelt durch die Köpfe und Hände der Richter als Ergebnis knapper formulierte Urteile zu zeitigen. Diese Vorstellung, die als Hintergrund hauptsächlich das Modell des Strafrechts hat, ist aber auch für die Rechtswissenschaft in neuerer Zeit gründlicher problematisiert worden. Der Ansatzpunkt war die Erfahrung im Umgang mit größeren politischen Programmen, z. B.

---

[32] *Hesse*, KZSS 1978, S. 305 ff.

[33] Vgl. ebd., S. 318 f.

[34] Vgl. grundlegend *Eyferth / Kreppner*, Entstehung; als moderner Überblick s. *Brandstätter*, Sozialpsychologie, S. 174 ff.

[35] s. als neueren Überblick *Edelmann*, Einführung in die Lernpsychologie, 1978.

der Energieversorgung, des Städtebaues und des Umweltschutzes. Das erkenntnisleitende Interesse wird am deutlichsten im Titel eines der wichtigsten einschlägigen Reader, nämlich: „Politik im Dickicht der Bürokratie“[36]. Innerhalb dieser Forschungsrichtung, die gegenwärtig einen im politischen Kontext verständlichen Boom erlebt, bildet die Frage nach der Bedeutung der Organisation für den Umsetzungsprozeß von Programmen einen wichtigen Teilaspekt. Hier erscheinen auch die vereinzelten Überlegungen dazu, wie das Handeln von Amtswaltern zu steuern sei[37]. Entscheidend für die ganze Forschungsrichtung ist die Entdeckung des Phänomens des Vollzugsdefizits[38] und des möglichen symbolischen Charakters von Politik und Recht[39]. Damit ist für die Frage, wie richterliches Verhalten zu beeinflussen ist, jedenfalls der eine Ausgangspunkt gesichert: Normenbefolgung stellt sich als ein anderes Problem dar, als dies in der klassischen Tradition der Normen analysiert wird, die sich mit Anspruch auf Befolgung gegen den Bürger richten[40].

Bender hat in seinem Beitrag „Einige Vorschläge zum Implementierung von Verfahrensgesetzen“[41] den — soweit ersichtlich — am präzisesten auf die hier vorliegende Fragestellung zugeschnittenen Beitrag vorgelegt. Er löst sich allerdings nicht ganz von dem eben bezeichneten Denkschema, wonach dem Bürger eine Norm durch Gesetzgebung bekanntgemacht wird. Er setzt im wesentlichen unverändert auf die Hoffnung, daß manche Normen so formuliert werden können, daß „sie nicht mißbraucht werden“ können[42]. Unter dieser Voraussetzung hat es Zweck, den Prozeß stärker segmentieren zu wollen und dabei in einem Taktverfahren die Einzelschritte präziser verklammern zu wollen[43]. Für einige Einzelschritte allerdings kommt Bender auf die Notwendigkeit präziser Selbstregelungsmechanismen[44] zurück.

Für die hier anstehende Frage, wie auf kürzere Urteile hinzuwirken ist, wirken Benders Ausführungen allerdings eher entmutigend. Er zeigt an mehreren Paragraphen (§ 355, 524, 349 Abs. 2, a. F., 216 Abs. 2, a. F. ZPO) wie schwer es ist, über Texte Verbindlichkeit zu erzeugen.

---

[36] Hrsg. von *Wollmann*, Politik im Dickicht der Bürokratie, 1980; weiterhin zentral: *Mayntz* (Hrsg.), Implementation politischer Programme, 1980.

[37] Am informativsten dazu *Lenk*, Steuerung, S. 254 ff.

[38] Vgl. z. B. ebd., S. 255.

[39] Vgl. dazu z. B. *Hegenbarth*, ZRP 1981, S. 201 ff. m. w. N.

[40] Vgl. dazu z. B. den Beitrag von *Noll*, Gründe; neuere Nachweise z. B. bei *Diekmann*, Befolgung.

[41] Jahrbuch für Rechtssoziologie und Rechtstheorie, 1980, S. 289 ff.

[42] Ebd., S. 291.

[43] Vgl. dazu die informativen Schaubilder ebd., S. 299.

[44] Ebd., S. 301.

Dabei wird man kritisch sagen müssen, daß er selbst eben die Steuerungsfähigkeit des klaren Gesetzestextes noch überschätzt. Er meint, daß Zahlwörter[45] verbindlich wirken, obwohl er deren Grenzen schon im Beispiel des § 216 Abs. 2 ZPO, a. F. sehen muß; die in einer festen Stundenzahl angegebene Frist wurde seinerzeit durch die Organisationsform der Justiz zur Farce gemacht. Auch andere feste, durch Zahlwörter beschriebene Grenzziehungen können durch organisatorische Formen zur Unwirksamkeit verurteilt werden.

Erst recht scheitern Versuche, mit einem solchen Instrumentarium die Länge von Urteilen zu begrenzen. Nachdem der Gesetzgeber das Wort „knapp" verwendet hat, könnte er eigentlich nur in einem nächsten Anlauf das von ihm Gewünschte mit den Worten beschreiben „wirklich knapp". In der Tradition der Verhaltenssteuerung durch Klarheit und Unmißverständlichkeit von Gesetzen könnte man sonst nur noch zu der Konsequenz kommen, daß der Gesetzgeber z. B. formuliert: „Urteile von Arbeitsgerichten dürfen nicht mehr als zwei DIN-A-4-Seiten à 38 Textzeilen umfassen; Urteile von Landesarbeitsgerichten dürfen nicht mehr als vier DIN-A-4-Seiten à 38 Textzeilen umfassen." Aber auch eine solche Norm wäre noch ohne Sanktionsapparat und ihre Befolgung würde am internen Konsens über den notwendigen Unabhängigkeitsgrad des einzelnen Richters in seinen Arbeitsroutinen scheitern. Selbstregulierungsmechanismen, wie sie Bender im übrigen vorschweben, sind für die Frage der Urteilskürze wohl nicht zu finden. Wichtigster Selbstregulierungsmechanismus müßte die Ersparnis von Arbeit sein, aber offenbar sind die Standards der Ausführlichkeit von Urteilen auch durchsetzungsfähig gegenüber jenen Gratifikationen.

Das damit erreichte Zwischenergebnis macht notwendig, von neuem über denkbare Vorgehensweisen nachzudenken. Es wird im folgenden vorgeschlagen, nicht abstrakte Theorieansätze für konkrete Fragestellungen fruchtbar zu machen, sondern es wird überlegt, wie eigentlich bisher Verfahrensänderungen bewirkt worden sind.

Dieser Wechsel der grundsätzlichen Vorgehensweise vollzieht im kleinen nach, was in den Sozialwissenschaften derzeit vielfach auch in größerem Maßstab geschieht. Lange Zeit war als Paradigma sozialwissenschaftlichen Denkens die Vorstellung präsent, auch Soziales gehorche Regeln oder Gesetzen, deren Kenntnis wiederum handlungsanleitend auch für praktische Fragestellungen werden könne. Demgegenüber ist heute ein anderes Paradigma im Vordringen begriffen. Es zielt darauf, Situationen in ergänzender Weise miteinander zu vergleichen. Damit soll ermöglicht werden, die Übertragbarkeit der Erfahrungen für

[45] Ebd., S. 291.

Betroffene prüfbar zu machen. Vielleicht ist es kein Zufall, daß auch in der Rechtswissenschaft, soweit sie praktisch orientiert ist, die Attraktivität des Subsumtionsmodells im Laufe der letzten Jahre und Jahrzehnte nachgelassen hat und Elemente des Fallrechts unter der Hand zunehmend die Praxis beherrschen.

Der hier vergleichbare Fall ist die Einführung der Beschleunigungsnovelle, die stark auf das sogenannte „Stuttgarter Modell" zurückging. Dabei sind hier folgende Eigenschaften von Interesse:

— Das „Stuttgarter Modell" betrifft eine graduelle Veränderung; es wurde von Anfang an von niemandem behauptet, daß es immer und in allen Fällen möglich sein müsse, mit einer Hauptverhandlung einen Zivilprozeß zu erledigen; die Verschiebung zwischen den Prozessen neuer Art war eine ziffernmäßig ebenso wenig festgelegte Größe wie der Unterschied derzeitiger Urteile und vielleicht denkbaren wesentlich gekürzten Urteilen.

— Das „Stuttgarter Modell" hat keine 100%ige Angleichung der ferneren Praxis bewirkt; schon die Beschleunigungsnovelle ist nicht etwa das in Gesetzestext gegossene „Stuttgarter Modell", sondern integrierter eine Reihe anderer Elemente und gab im wesentlichen der Praxis Gelegenheit zu einem Lern- und Veränderungsprozeß. Es ist wichtig, Neuerungen nicht mit dem Postulat zu konfrontieren, daß sie in jeder Hinsicht perfekt sein müssen. Vielmehr kann an den historischen Beispielen auch auf die Lernfähigkeit der Innovatoren geschlossen werden.

Am Beispiel des „Stuttgarter Modell" lassen sich unseres Erachtens acht Kriterien benennen, die für den Erfolg ausschlaggebend waren und dieses Modell so unverhältnismäßig viel wirkungsvoller gemacht haben, als es die hier und da erfolgreiche Praxis einzelner Richter war. Diese Kriterien, deren Übertragbarkeit erwogen werden muß, sind:

— Das neue Verfahren setzte sich deutlich von den bisherigen Verfahren ab. Da unverwechselbar, konnten die Verdienste des neuen Verfahrens in der Öffentlichkeit nicht mit dem Hinweis heruntergespielt werden, es sei „nichts Besonderes".

— Diese Neuartigkeit ermöglichte eine besondere Wirksamkeit sowohl in der Fach- wie in der allgemeinen Öffentlichkeit.

— Der Überraschungseffekt war auch gesichert dadurch, daß gewisse Anfangsschwierigkeiten technisch beseitigt worden waren. Hätte sich ein gleitender Übergang zwischen mitgeschleppten Altverfahren und Verfahren neuer Art hergestellt, so wäre der Effekt der Neuartigkeit viel geringer gewesen. Zusätzlich hätten die Beteiligten sich nur viel mühsamer auch in ihren Routinen vom Hergebrachten lösen können.

— Die Personalauswahl blieb nicht dem Zufall überlassen. Die Beteiligten identifizierten sich mit ihrer Aufgabe, ohne daß davon in der Öffentlichkeit Aufhebens gemacht wurde. Man legte immer Wert darauf, das Verfahren so darzustellen, als sei es jederzeit und für jeden Richter machbar. Der darin steckende Appell an die Eitelkeit der anderen Richter tat seine Wirkung.

— Die gesamte Veränderung wurde richterrechtlich bewältigt. Das war die Voraussetzung dafür, in einer Öffentlichkeit Wirksamkeit zu erzielen, die nicht durch lange Gesetzgebungsdebatten an eine ganze Varianzbreite von Beschleunigungsideen dieser Art gewöhnt war. Außerdem gab dies die Möglichkeit, das Modell zu exerzieren, ohne daß größere oder geringere Gesetzestreue der Richter in der Öffentlichkeit problematisiert worden wäre. Hätte der Gesetzgeber das „Stuttgarter Modell" gleich und von vornherein für alle verbindlich gemacht, so hätte er sich dem Vorwurf ausgesetzt, etwas Unmögliches zu wollen; die mangelnde Loyalität der weniger veränderungsbereiten Richter hätte das gesetzgeberische Projekt politisch belastet.

— Das „Stuttgarter Modell" wurde von außen (Ministerialbürokratie, Obergerichte u. ä. m.) z. T. vorsichtig gestützt, aber jedenfalls nicht relevant gestört. Es wäre durchaus vorstellbar gewesen, daß beteiligte Anwälte einzelne zweifelhafte Punkte der Verfahrensweise zum Anlaß für Dienstaufsichtsbeschwerden genommen hätten oder daß ein Obergericht jede sich bietende Gelegenheit hätte wahrnehmen können, Sachen zurückzuweisen, was die Idee des ganzen Verfahrens beeinträchtigt hätte. Dieses Milieu der Toleranz bot den beteiligten Richtern die Möglichkeit der Erfahrungsgewinnung, ohne daß sie sich in Abwehrkämpfen an der falschen Front hätten verstricken müssen. Dabei war sicherlich — wie immer in solchen Zusammenhängen — die formelle Toleranz eher unwichtiger als informelle Toleranz.

— Als letztes muß aber auf etwas fast Selbstverständliches hingewiesen werden: Der Effekt des neuen Verfahrens war deutlich positiv; es hob sich nicht nur ab, sondern es hob sich in angenehmer Art und Weise ab.

Es wäre wohl kaum nützlich, die historische Untersuchung hier differenzierter zu betreiben[46]. Die Geschichte bietet Lernmaterial, aber der Versuch der exakten Wiederholung von Geschichte ist keine brauchbare Handlungsanweisung für die Gegenwart.

5.3.2.6 Flankierende Maßnahmen

Man wird auch flankierende Maßnahmen nicht aus dem Auge verlieren dürfen.

Eine solche besteht in der fachinternen Diskussion über solche Verfahren, die in einigen Einzelelementen neu, anders und vorbildlich sein können, aber nicht als ganze übernehmbar sind.

Hierfür kommt der Rechtsvergleichung eine gewisse Bedeutung zu. Fachöffentliche Diskussionen darüber, wie stark sich Verfahren auch in naheliegenden Nachbarländern, z. B. innerhalb der EG, unterscheiden, können den Sinn für Änderungen von Routinen und Verhaltensstandards fördern. Hierfür spielt paradoxerweise gerade die Unvergleich-

[46] Deshalb wurden auch keine Einzelbelege gebracht, die ja dann auch immer nur ein unvollständiges Bild der hauptsächlich in der juristischen Fachöffentlichkeit und mündlich geführten Debatte über das „Stuttgarter Modell" hätte geben können.

lichkeit manchmal eine positive Rolle. Konfrontiert man die deutsche Urteilslänge ohne Benennung weiterer institutioneller Voraussetzungen mit der Urteilslänge, wie sie in anderen Ländern üblich ist, so hat das einen Erstaunenseffekt bei sehr vielen deutschen Juristen; dieser Effekt wäre sehr viel geringer, wenn Rechtsvergleichung nach allen Regeln der Kunst präsentiert und dementsprechend die Gesamtheit der geistesgeschichtlichen, sozialen und politischen Voraussetzungen mitthematisiert würden, in die sich ein so vereinzeltes Element wie die Länge von Urteilsformulierungen im ganzen einfügt.

Noch schwächer in der Wirkung dürfte eine andere gleitende Maßnahme sein, die aber trotzdem nicht übersehen werden darf. Konventionen und Routinen werden auch erschüttert durch die Intensivierung der fachinternen Diskussion über sie. Konventionen leben davon, daß sie für selbstverständlich und selbstverständlich unabänderlich gehalten werden. Jede Form von näherer Beschäftigung weist immer Spielräume und Willkürlichkeiten aus und wirkt deshalb in gewissem Umfang auch auf Verhalten zurück. Man darf nun nicht an dieser Stelle dem idealistischen Mißverständnis verfallen, alleine durch rationale Einsichten würden sich bereits Verhaltensänderung sicher herbeiführen lassen. Auch wenn Veränderungen — wie oben ausgeführt — hauptsächlich anders bewirkt werden, so sind jedenfalls wissenschaftliche Veröffentlichungen nicht ohne Interesse. So wäre es günstig, wenn weiterhin zur Häufigkeit von Zitaten und zum Sinn von Nachweisen in der Arbeitsgerichtsbarkeit von seiten der Wissenschaft geforscht und veröffentlicht würde. Zu achten wäre darauf, daß in den Darstellungen der Konventionen der Grad von Konkretheit und Anschaulichkeit erreicht wird, der es dem lesenden Richter erlaubt, seine eigene Urteilspraxis mit den genannten Beispielen zu vergleichen. Deshalb wurde ja auch oben mit Volltexten von Urteilen gearbeitet. Von abstrakteren Ausführungen dürfte weniger Wirkung ausgehen. Von daher ist sicherlich von Interesse, Volltextveröffentlichungen von Urteilen unterer Instanzen zu erreichen. Daß dies angängig ist, zeigt die „Zeitschrift für das gesamte Familienrecht", in der in erfreulichem Umfang sehr vollständige Urteile zu lesen sind. Das Mißliche der arbeitsrechtlichen Veröffentlichungspraxis liegt namentlich in dem Umstand, daß hauptsächlich BAG-Urteile publiziert werden und die Urteile der unteren Instanzen im Zweifel für die Veröffentlichung in Zeitschriften noch stärker gekürzt und bearbeitet werden als vergleichbare Urteile einer jeweils oberen Instanz. Obwohl jedermann weiß, daß die veröffentlichten Urteile nicht die Alltagspraxis spiegeln, ist doch eine gewisse Vorbildwirkung zu fürchten. Andererseits wird verhindert, daß derzeit eine wechselseitige Selbstbestätigung von Richtern stattfindet, die in ihrer Praxis tatsächlich mit sehr kurzen Urteilen arbeiten. Wahrscheinlich gibt es weitere flankierende Maßnahmen, wenn man als Angelpunkt für Veränderungen ein deutlich abgesetztes Modellverfahren installieren kann. Ohne diesen Veränderungsschub aber bleibt viel an wissenschaftlicher Diskussion unterhalb der Aufmerksamkeitsschwelle[47].

5.4 Ausschließlich mündliche Urteilsverkündung

5.4.1 Ansatz und Vorgehensweise

Zu prüfen bleibt die Möglichkeit, richterlichen Arbeitsaufwand dadurch einzusparen, daß man generell zu ausschließlich mündlichen Urteilsverkündungen übergeht.

Ein solcher Gedanke mag zuerst konsternierend sein. Deshalb seien vorweg einige Hinweise gegeben, die die Plausibilität dafür geben sollen, daß man sich überhaupt ernstlich mit einem solchen Vorschlag auseinandersetzen muß.

Erstens ist darauf hinzuweisen, daß Urteilsbegründungen und vor allen Dingen schriftliche Urteilsbegründungen historisch noch nicht sehr alt sind. Nicht nur das Salomonische Urteil wurde ohne Begründung gesprochen, sondern auch in unserem geographischen Raum gab es bis an die Grenze der Neuzeit nicht notwendig mündliche oder schriftliche Urteilsgründe. Z. T. gab es Verbote, Urteile zu begründen. Urteilsgründe sind von Anfang an mit der Frage der Rechtsmittel verbunden; die Idee, sie müßten den Parteien verständlich sein, ist wohl Effekt des aufklärerischen und kodifikatorischen Zeitalters.

Zweitens ist daran zu erinnern, daß gegenwärtig in der Entwicklung der deutschen Prozeßordnung eine Tendenz ablesbar ist, Rechtsmittel stärker einzuschränken und Begründungen eher fallenzulassen. Das Bundesverfassungsgericht hat, wie oben gezeigt, sich dieser Tendenz durchaus nicht entgegengestellt, sondern in seiner gesamten Rechtsprechung nur eine vereinzelte Vorschrift für verfassungswidrig erklärt[48]. So ist die Umstellung auf Zulassungsrechtsmittel und der mögliche Wegfall von schriftlichen Gründen nach §§ 313 a und 543 Abs. 1 ZPO als problemlos angesehen worden[49].

Drittens ist die mündliche Urteilsverkündung etablierter Teil unseres Rechtssystems. Nicht nur nach § 60 ArbGG, sondern auch in Strafver-

---

[47] Vgl. z. B. *Schneider*, ZZP 1964, S. 222 ff., dessen sehr verdienstvolle Ausführungen zur Qualität von Belegen offenbar ohne jede Resonanz geblieben sind.

[48] s. oben Abschnitt 2.7.2.

[49] s. oben Abschnitt 2.6.

fahren ist das Nebeneinander von mündlicher und schriftlicher Urteilsbegründung fest etabliert. Dabei hat die mündliche Begründung nicht einen vorläufigen, ankündigenden Charakter, sondern sie ist eine in sich geschlossene Mitteilung. Es ist prinzipiell denkbar, auch Rechtsmittel gegen ein zum fraglichen Zeitpunkt nur mündlich verkündetes Urteil einzulegen. Die entsprechenden Gesetzestexte bieten keinen Ansatzpunkt für eine Aussage, die auf eine Nachrangigkeit oder Minderwertigkeit der mündlichen Urteilsbegründung hinausliefe.

Die Schwierigkeiten liegen auch nicht in der technischen Form der Anordnung genereller Mündlichkeit der Begründung. Insofern ist völlig klar, daß es gesetzlicher Regelungen bedarf, die ein einzelnes Bundesland durch eine Bundesratsinitiative in die Wege leiten könnte. Daneben sind noch andere Möglichkeiten denkbar, aber die entsprechenden Unterschiede haben keinen allzu großen Einfluß auf das Ergebnis der Initiative. Die eigentliche Schwierigkeit liegt darin, daß nach einer ganz allgemein verbreiteten Vorstellung, die auch verschiedenen Gesetzestexten (§§ 313 a, 543 Abs. 1 und 2 ZPO, §§ 66 Abs. 1 Satz 2, 72 a Abs. 3 Satz 1 ArbGG und vielen anderen mehr) zugrunde liegt, die Möglichkeit von Rechtsmitteln und die Schriftlichkeit von Urteilen, gegen die Rechtsmittel eingelegt werden, in einem untrennbaren Zusammenhang stehen. Das macht die Lage betreffend aller derjenigen Urteile, gegen die noch ein Rechtsmittel eingelegt werden kann, kompliziert. Das ist aber in der Tat die Hauptmasse aller Urteile, da umgekehrt nur Urteile des Arbeitsgerichts mit einem Streitwert unter 800 DM bei Nichtzulassung der Berufung schon zum Zeitpunkt des Urteils unangreifbar sind.

Eine weitere Komplikation auf der Basis des derzeitigen Gesetzes besteht in der rechtsmittelähnlichen Nichtzulassungsbeschwerde nach § 72 a ArbGG. Um die schwierigen Rechtsfragen, die vor ihrer Einlegung zu klären sind, hinreichend präzise analysieren zu können, werden die Parteien das Vorliegen eines schriftlichen Urteils auf jeden Fall wünschen. Erkennt man diesen Wunsch als berechtigt an, dann ist jedenfalls auf der Basis des jetzigen Revisionsrechtes kein Platz für ausschließlich mündliche Urteilsbegründung in der 2. Instanz.

Die anderen Gründe, die in den Diskussionen immer für Schriftlichkeit von Verfahren und schriftliche Urteile genannt werden, haben weniger Gewicht als der Hinweis auf die Vorbereitung von Rechtsmitteln.

Von Richtern der allgemeinen Zivilgerichtsbarkeit wurde z. B. im Zusammenhang der Diskussion um ein verstärktes Sach- und Rechtsgespräch nach § 139 ZPO manchmal gesagt, daß sie bis zum Ende der letzten mündlichen Verhandlung ihre Ansicht nicht erkennen ließen, um in der schriftlichen Ausarbeitung von Tatbestand und Gründen noch die

Möglichkeit der sorgfältigen Sachverhaltensaufarbeitung und der konzentrierten Rechtserörterung mit offenem Ergebnis zu haben. Der Gesetzgeber hat aber in § 60 Abs. 2 ArbGG den Richter der Arbeitsgerichtsbarkeit auch bisher schon die Aufgabe zugeschrieben, das Urteil mündlich sprechen zu können. Die entsprechende Praxis gibt keinerlei Anlaß zu klagen. Natürlich wird die Anforderung an die Darstellung des Urteils auch für den einzelnen Richter erhöht, wenn er nicht mehr unausgesprochen für Details und für exaktere Argumentationen auf die schriftlichen Urteilsgründe verweisen kann. Angesichts der guten Erfahrungen mit den mündlichen Urteilsbegründungen scheint diesem Punkt aber keine große Bedeutung zuzukommen, da eine relevante Zunahme des notwendigen Arbeitsaufwandes für die mündliche Urteilsbegründung nicht zu erwarten steht.

Aus der Sicht der Parteien dürfte eine ausschließliche mündliche Urteilsbegründung fallweise unterschiedlich zu beurteilen sein. Ein Teil der Parteien wird das mündlich gesprochene Urteil so gut verstehen wie ein schriftliches, so daß insoweit keine rechtspolitischen Konsequenzen zu ziehen sind. Ein anderer Teil der Parteien dürfte sowohl bei mündlichen wie bei schriftlichen Urteilen auf den Rat und die Erklärung der Prozeßbevollmächtigten angewiesen sein und wird deren Kompetenz in unterschiedlichem Umfange nach dem Urteil in Anspruch nehmen. Eine weitere Gruppe kann es geben, die von mündlich gesprochenen Urteilsbegründungen „überfahren" wird, während sie sich in schriftlichen Urteilbegründungen von gleichem Komplexitätsgrad auf Grund der Möglichkeit längerer Beschäftigung mit denselben besser zurechtfindet. Nicht unbeträchtlich aber dürfte die Gruppe derjenigen Parteien sein, die ausschließliche Mündlichkeit als Positivum erfahren; in dem direkten Gegenüber mit den Parteien ist der Richter aus der sozialen Situation heraus gezwungen, für seine anwesenden Gesprächspartner zu sprechen; die mündliche Verhandlung ist auch erst so kurze Zeit vorbei, daß der Richter sich wirklich präzise auf Informationsstand, Sprachgewohnheiten und Einlassungen der Parteien einstellen und beziehen kann.

Welche der unterschiedlichen Möglichkeiten sich hauptsächlich realisiert, ist derzeit leider hauptsächlich Gegenstand von Alltagstheorien. Empirische Forschung ist auch nicht denkbar, da die Zukunft insofern doch recht offen ist. Aus den Kreisen der Vielfachprozessierer (spezialisierte Anwälte, gewerkschaftliche Rechtsschutzsekretäre, Syndici) ist aber zu hören, daß die Gruppe derjenigen Mandanten recht groß ist, die sich nicht für die schriftliche Urteilsbegründung interessieren, sondern die mit der Information über Prozeßgewinn oder -verlust oder mit ganz groben Andeutungen zufrieden sind. Da auch zusätzlich die verbesserten kommunikativen Bedingungen einige Wirkung zeitigen, kann man jedenfalls insgesamt schätzen, daß eine ausschließliche mündliche Urteilsbegründung für die Parteien keinen relevanten Nachteil bedeutet.

Diese Erkenntnis dürfte allerdings sehr vielen Juristen nicht leichtfallen, da sie aus ihrer gesamten Ausbildung und Denktradition heraus stark auf das schriftliche Urteil als Krönung juristischer Tätigkeit fixiert sind, und deshalb auch meinen, daß alle anderen Bürger dieses schriftliche Urteil gleichermaßen wichtignehmen müßten.

Damit ergibt sich für die weitere Erörterung eine Zweiteilung. Zu fragen ist erstens, wie bei derzeitigem Rechtsmittelsystem die ausschließliche mündliche Urteilsbegründung durchsetzbar ist, und zweitens, wie dieses Ziel durch Änderung der Rechtsmittelnormen verfolgt werden kann.

5.4.2 Mündliche Urteilsbegründung ohne Änderung des Rechtsmittelsystems

Ohne Veränderung des Rechtsmittelsystems sind ausschließliche mündliche Urteilsbegründungen nur durch Anwendung von § 313 a ZPO möglich, und zwar bei beiderseitigem Rechtsmittelverzicht. Faktisch müßte es so ablaufen, wie es — obwohl die Praxis nicht unumstritten ist — in vielen Strafprozessen auch heute noch gang und gäbe ist: Der Richter müßte nach Ende der mündlichen Urteilsbegründung Parteien oder Prozeßbevollmächtigte fragen, ob sie auf Rechtsmittel und ob sie weiterhin auch auf ein schriftliches Urteil verzichten. Man kann sogar fragen, ob nicht eine prozessuale Fürsorgepflicht des Richters gegenüber den Parteien nach § 139 ZPO verlangt, daß er sie auf die kostensparende Möglichkeit hinweist. Man wird dies aber auch bei einiger Sympathie für eine verstärkte Anwendung von § 313 a ZPO nicht bejahen können, da der Gesetzgeber für einen vergleichbaren Konfliktfall in § 278 Abs. 3 ZPO ausdrücklich Hinweispflichten zu Kosten verneint hat[50].

In Übereinstimmung mit der Literatur zu Implementationsproblemen[51] ist nur die Frage zu stellen, wie Vor- oder Nachteile beschaffen sein müssen, die einen Anreiz zum Rechtsmittelverzicht geben. Faktisch steht außer Kostenvorteilen nichts zur Verfügung. Realpolitisch sind die Möglichkeiten noch enger zu ziehen: Die Rechtsanwaltsgebühren dürf-

[50] Vgl. zur Praxisanschauung *Raabe*, DRiZ 1979, S. 136: keine Pflicht nach § 139 ZPO.

[51] Vgl. *Bender*, Jahrbuch für Rechtssoziologie und Rechtstheorie 1980, S. 295, oder z. B. die für andere Zwecke erstellte Übersicht über wirksamkeitsorientierte Kriterien für den Einsatz von Instrumenten des Verwaltungshandelns bei *Lange*, DÖV 1981, S. 81.

ten wegen der starken Anwaltslobby im Bundestag nicht punktuell veränderbar sein, ohne daß den Rechtsanwälten andere Vorteile erwüchsen, und solche anderen Vorteile sind nicht zu sehen; es bleibt also dabei, daß die Gerichtsgebühren die einzige Manövriermasse sind, deren Wegfall einsetzbar ist.

In diesem Gedankengang wird man mit einem rechtspolitischen Gegenargument rechnen müssen. Der Verzicht auf ein schriftliches Urteil und überhaupt auf die Möglichkeit des Rechtsmittels wird von vielen als ein Verlust an Rechtsstaatlichkeit gewichtet werden: Es werden Bedenken angemeldet werden, ob es sozialstaatlich vertretbar sei, Bürger dazu zu animieren, gegen eine geringe Geldsumme Einschränkungen ihrer Rechtsverfolgungskompetenz selbst vorzunehmen. Eine etwas spezifischere Färbung erhält das Argument dadurch, daß der Anreiz der Ersparnis einer geringen Geldsumme für Arbeitnehmer und Arbeitgeber typischerweise unterschiedlich stark wirkt. Die reale soziale Differenz wird an dieser Stelle als Ursache auch nicht einen Umfang annehmen, der das Argument gewichtig machen könnte. Es geht um so geringe Beträge, daß alle anderen schichtenspezifischen Barrieren (Kostenängste vor Beginn der Rechtsverfolgung, soziale Inkompetenz etc.) viel wichtiger sind. Solche realen Ungleichverteilungen von Chancen werden aber derzeit nur als mißlich angesehen, keinesfalls als verfassungswidrig, weil sozialstaatswidrig.

Zu erinnern ist daran, daß nach der Rechtsprechung des Bundesverfassungsgerichts die Verbindung von Rechtsmittelmöglichkeiten und Kosten im gesetzgeberischen Ermessen liegt und in weitem Rahmen zulässig ist[52].

Damit ist aber auch ein Gesichtspunkt angesprochen, der die Hoffnung auf § 313 a ZPO als Instrument der Vermeidung schriftlicher Urteile stark mindert. Gerade im Arbeitsgerichtsverfahren sind die Gerichtskosten so niedrig, daß der Anreiz in vielen Fällen zu schwach ausfallen dürfte.

Auch nach dem einzigen Praxisbericht, der sich um eine ziffernmäßige Erfahrungswiedergabe bemüht, sind es nicht die Parteien, die durch den Kostenanreiz motiviert von sich aus die Häufigkeit der Anwendung des § 313 a ZPO steuern. Vielmehr scheint es so, daß zumindest in der Zivilgerichtsbarkeit es stark vom Richter abhängt, wie oft auf ein schriftliches Urteil verzichtet wird[53]. Aber auch unabhängig von der mangelnden Loyalität der Richter gegenüber der gesetzgeberischen Reformidee ist der Kostenanreiz doch recht schwach. Sind die Parteien durch Anwälte vertreten, so werden diese wohl häufig dafür plädieren, eine ge-

---

52 Vgl. oben Abschnitt 2.4.3.

53 s. die instruktiven Informationen bei *Raabe*, DRiZ 1979, S. 135, 136 f.

ringe Geldsumme aufzuwenden und nicht auf die Rechtsmittelmöglichkeit zu verzichten. Sind die Parteien persönlich erschienen, so wird es häufig eine gewisse Schwierigkeit bedeuten, ihnen den genauen Sinn und die Vor- und Nachteile zu erklären. Wie sich die anderen Prozeßbevollmächtigten verhalten werden, ist nicht ganz klar. Jedenfalls kann es insgesamt relativ leicht zu Situationen kommen, die von Richtern als peinlich empfunden werden, weil es entfernt so erscheinen mag, als wollten sie sich weniger Arbeit gegen Geldvorteile für die Parteien erkaufen[54]. Allerdings sind hier wiederum auch Hoffnungen zu setzen auf die Änderung von Verhaltensstandards der Richter. Wenn der Gesetzgeber eine Möglichkeit eröffnet, dann kann es nicht peinlich sein, die Parteien darauf hinzuweisen. Die verstärkte Eröffnung von Gelegenheiten zu Rechtsmittelverzichten ist auch verfassungsrechtlich unbedenklich[55]. Es droht schließlich auch keine einseitige Benachteiligung von Arbeitnehmern oder von Arbeitgebern, da jedenfalls im Verhältnis von Arbeitsgericht zu Landesarbeitsgericht Rechtsmitteleinlegung nicht signifikant im Effekt zugunsten einer Seite ausschlägt[56].

Da das Zustandekommen eines Rechtsmittelverzichts auch sehr stark von Gegebenheiten der Verhandlungssituation beeinflußt wird, wäre möglicherweise eine mehr „kosmetische" Änderung doch letztendlich mit einem gewissen Effekt ausgestattet: Man könnte alleinige mündliche Urteilsbegründung als Regelfall einführen und den Parteien mit Hinweis auf die Fälligekit der vollen — schließlich nicht allzu hohen — Kosten die Initiative aufbürden, eine schriftliche Urteilsbegründung ihrerseits spätestens am zweiten Tag nach dem Schluß der mündlichen Verhandlung anzufordern. Die Vorteil-/Nachteilsituation wäre dadurch in materieller Hinsicht nicht geändert, faktisch müßten aber wohl Prozeßbevollmächtigte sehr viel stärker die Beratungstätigkeit zu diesem Punkt übernehmen, und der Richter wäre von der Aufgabe entlastet, für einen Rechtsmittelverzicht quasi zu werben. In dieser Gestalt, die substantiell am Rechtsmittelsystem auch noch nichts änderte, hätte die Idee einigen realen Effekt. Sie machte aber auf jeden Fall auch gesetzgeberische Initiative notwendig, da sowohl das Kostenrecht abzuändern als auch eine spezielle Fassung des § 313 a ZPO für das Arbeitsgerichtsgesetz zu formulieren wäre. Ob daraufhin die Bewußtseinsänderung bei Richtern und Anwälten einträte, die sicherlich für den Effekt Voraussetzung aber bisher im Zusammenhang des § 313 a ZPO zu vermissen ist[57], läßt sich schwer prognostizieren.

[54] Vgl. den Praxisbericht bei *Raabe*, DRiZ 1979, S. 139.

[55] Vgl. oben Abschnitt 2.7.3.

[56] Zu den Ziffern vgl. z. B. *Falke* u. a., Kündigungspraxis, S. 778.

[57] Vgl. z. B. dazu neuestens *Stanicki*, DRiZ 1983, S. 270; seltene Anwendung des § 313 a ZPO in der Praxis.

5.4.3 Änderung des Rechtsmittelsystems

Eine gesetzliche Abänderung des Rechtsmittelsystems, die einen Wegfall schriftlicher Urteile bei ausschließlicher mündlicher Urteilsbegründung zur Folge haben kann, könnte durch die Generalisierung der Zulassungsberufung vorgenommen werden. Für die Berufungsinstanz wäre die Frage auszuschließen, ob das Recht der Nichtzulassungsbeschwerde so gestaltet werden sollte, daß auch hier zweifelsfreie Unmöglichkeit von Rechtsmitteln in erheblichem Umfange einträte. Die reine Zulassungsberufung ohne Nichtzulassungsbeschwerde könnte unter den gleichen Voraussetzungen wie bisher nach § 64 Abs. 3 ArbGG stattfinden. Um sie auszuweiten, wäre es nur nötig, die Streitwertberufung durch erhebliche Heraufsetzung der Wertgrenze oder durch Streichung zu verändern. Den Gedanken einer erheblichen Heraufsetzung weiter zu verfolgen, empfiehlt sich dann, wenn die Fälle mit sehr hohen Streitwerten bestimmte typische Fallgruppen sind, und sich weiterhin normativ begründen läßt, daß gerade für jene Fallgruppen das bisherige Rechtsmittelsystem auf der Basis schriftlicher Urteile erhalten bleiben muß. Diese Gegebenheiten liegen nicht vor. Selbst wenn man für bestimmte Fallgruppen das schriftliche Urteil erhalten wollte, dann wäre immer noch zu überlegen, ob nicht dann konsequenterweise diese als weitere Ziffer von § 64 Abs. 3 ArbGG mit der Folge der Schriftlichkeit von Urteilen zu formulieren wäre.

Schwierige Probleme berührt die Frage, ob nicht bei erweiterter Zulassungsberufung auch eine Nichtzulassungsbeschwerde eingeführt werden, respektive ob diese nicht zumindest für das Revisionsverfahren erhalten bleiben muß. Auch der Gedanke der generellen Zulassungsberufung für das Verwaltungsprozeßrecht war mit der Konstruktion der Nichtzulassungsbeschwerde verbunden worden[58]. Die Argumente für und gegen die Nichtzulassungsbeschwerde können hier als bekannt vorausgesetzt werden. Die Schwerfälligkeit des Verfahrens wird auch durch den Vorschlag, diese Beschwerde bei Erfolg gleich als Beginn des formalen Rechtsmittelverfahrens zu fingieren[59], nur wenig gemildert. Die Unsicherheit der realen Kontroll- und Rechtsvereinheitlichswirkung wurde übrigens auch in der Diskussion um das Verwaltungsprozeßrecht implizit wieder bescheinigt[60]. Sie ist ganz offenbar durch ausführlichere Formulierungen als § 64 Abs. 3 Ziff. 1 ArbGG, der von der grundsätzlichen Bedeutung der Rechtssache spricht, nicht zu beseitigen. Dabei ist

---

[58] BT-Drs. 9/1851, S. 34, § 142.

[59] Vgl. *Meyer-Ladewig*, Sozialgerichtsbarkeit 1982, S. 466.

[60] Ebd., S. 466: Umfang des Gebrauchs von der Nichtzulassungsbeschwerde unsicher.

allerdings eine Randbedingung, wie oben näher dargestellt[61], durch den dort zitierten Beschluß des Plenums des Bundesverfassungsgerichts klar gegeben: Die Frage der Statthaftigkeit von Rechtsmitteln darf nicht verquickt werden mit der Frage der Arbeitsbelastung des Rechtsmittelgerichts. Dementsprechend gibt es zwei Möglichkeiten: Entweder man beläßt es bei der bindenden Wirkung der Nichtzulassung der Berufung (§ 64 Abs. 4 ArbGG), oder man muß zum Zwecke der Erreichung alleiniger Mündlichkeit der Urteilsverkündung die Nichtzulassungsbeschwerde modifizieren. Diese letzteren Überlegungen haben dann gleichermaßen Bedeutung für Berufungs- wie Revisionsverfahren. Daher ist zu fragen, ob die Nichtzulassungsbeschwerde an die Existenz eines schriftlichen Urteils gebunden ist. Insofern ist folgendes Verfahren plausibel: Die Nichtzulassungsbeschwerde, die sich hauptsächlich auf die grundsätzliche Bedeutung der Rechtssache oder auf die Divergenzen stützen muß, könnte ohne Existenz eines schriftlichen Urteils eingelegt werden und mit der Obliegenheit versehen sein, dem angegriffenen Gericht immer sofort ein Exemplar zur Möglichkeit — nicht zur Verpflichtung — einer dienstlichen Äußerung für die obere Instanz zuzusenden. Die angegriffene Entscheidung würde auf diese Art und Weise nicht in toto aufgerollt, sondern die Nichtzulassungsbeschwerde hätte unverändert die Erfüllung ganz bestimmter Tatbestandsmerkmale darzustellen; es wäre Gelegenheit gegeben, rechtzeitig aus der Sicht des Richters, der das mündliche Urteil gesprochen hat, kundzutun, weshalb er die Sache nicht für grundsätzlich wichtig oder divergent erachtet hat.

Es ist nicht zu erkennen, daß eine kompliziertere Regelung die zukünftige Entwicklung noch erheblich unsicherer macht, als sie dies ohnedem ist. Während die generelle Kompetenz der Arbeitsgerichte, Berufungen nicht zuzulassen, noch relativ unübersichtlich ist, kann es bei der Einschaltung dreier institutioneller Größen (Arbeitsgericht: Nichtzulassung; Partei: Beschwerde; Stellung des Arbeitsgerichts und Entscheidung über die Zulässigkeit durch das Landesarbeitsgericht) zu sehr viel mehr Verlaufsvariationen regional und zeitlich kommen. Aus nicht unvergleichbaren Zusammenhängen, wie z. B. der Handhabung der Tatbestandsmerkmale des Revisionsrechts in anderen Verfahrensarten (Strafrecht, FGG) weiß man, daß institutionelle Interessen nicht ohne Einfluß sind. Instruktiv dafür ist auch die Art und Weise, wie im Verlauf weniger Jahre Wandlungen im Verhältnis von „Widerspruchsstellen" und Sozialgerichten stattgefunden haben[62]. Komplizierte Verfahren sind anfällig für interessenbedingte Deformationen.

---

[61] Vgl. oben Abschnitt 2.7.2.

[62] s. dazu *Horn*, Normvollzug, S. 248 f.

Unter dem aktuellen Gesichtspunkt der Notwendigkeit der Beschleunigung von Verfahren ist deshalb nur die Möglichkeit einer generellen Zulassungsberufung mit bindender Wirkung als relevant einzuschätzen. Der Vorschlag alleiniger mündlicher Urteilsbegründung mit Nichtzulassungsbeschwerde auf jener Basis kann höchstens für die Revision gemacht werden.

Abschließend ein Hinweis auf die Berufungsvoraussetzungen gemäß § 64 Abs. 3 Ziff. 2 ArbGG und die Nichtzulassungsbeschwerdefälle § 72 a Abs. 1 ArbGG. Wenn eine dieser Voraussetzungen faktisch in so erheblichem Umfange vorliegen sollte, daß es auf grundsätzliche Bedeutung und Divergenz nicht allzu oft ankommt, dann wird man auch hier Lösungen finden können. Es soll, da die angesprochenen Möglichkeiten der zukünftigen Entwicklung noch schwer absehbar sind, nicht versucht werden, über die empirischen Voraussetzungen nötiger Änderungen genauere Erhebungen anzustellen. Zu beachten ist jedenfalls, daß man kollektiv-rechtliche Streitigkeiten anders als individual-rechtliche Streitigkeiten behandeln kann[63].

[63] s. dazu oben Abschnitt 2.7.1.

6. Ergebniszusammenfassungen und Überlegungen zu Handlungsinitiativen

6.1 Zusammenfassung zu irrelevanten und zu nicht weiter verfolgten Beschleunigungsmöglichkeiten

Die Überlegungen gehen aus von einer Materiallage, die gekennzeichnet ist durch die Existenz vielfältiger Einzelvorschläge zur Beschleunigung von arbeitsgerichtlichen Verfahren, aber auch durch das Fehlen durchgreifender Ideen und Initiativen. Die Verwirklichung solcher Einzelversuche oder auch die vorsichtigere und halbherzige Verwirklichung weitergehender Gedanken in der Beschleunigungsnovelle zum Zivilprozeß haben nirgendwo durchgreifende Effekte erzielt. Auf Grund dessen erscheint es angemessen, nicht erneut die Gesamtheit der Diskussion zu Einzelpunkten aufzunehmen, sondern mit analytischem Ansatz nach allgemein relevanten, wenngleich vielleicht konsternierend neuen Beschleunigungsmöglichkeiten zu suchen. Diese Suche konzentriert sich allerdings auf verfahrensinterne Beschleunigungsmöglichkeiten, so daß die Diskussionen über gesamtgesellschaftliche Randbedingungen (Konfliktbereitschaft, Anspruchsdenken etc.) wie über Fragen materiellrechtlich festgelegter Rechtszustände im Arbeitsrecht (Lockerung oder Verschärfung des Kündigungsschutzes?) auszuklammern sind.

Aus den vorangegangenen Überlegungen ist das folgende festzuhalten:

— Umdispositionen im zeitlichen Arbeitseinsatz durch Präklusionsregelungen sind in ihren Wirkungsmechanismen schwierig und zu einem bestimmten Teil auch normativ angreifbar. Jedenfalls zeigen die bisherigen Erfahrungen eine dogmatische wie praktische Streitträchtigkeit dieser Regelungen, so daß auch weiterhin Zurückhaltung der Praxis vermutet werden kann. Insofern bleibt vieles offen; die Anzeichen deuten eher auf geringe Gewinne durch Präklusionsregeln.

— Intensivierter richterlicher Arbeitseinsatz, der prinzipiell der Vollständigkeit wegen bedacht werden muß, scheint angesichts des realen Engagements der Arbeitsrichter nicht mehr zusätzlich durch äußerliche Verkehrungen in der Arbeitswelt des Richters erreichbar.

— Die Art und Weise der mündlichen Verhandlungen ist nicht so verbesserbar, daß dadurch relevante Verfahrensbeschleunigung einträte.

6.2 Näher zu erwägende Möglichkeiten und darauf gerichtete Handlungsinitiativen

Die generelle stark abgekürzte Absetzung von Urteilen bleibt neben dem Übergang zu ausschließlich mündlichen Urteilsbegründungen als Möglichkeit relevant. Da nach allen Erfahrungen mit vorangegangenen Reformen des Verfahrensrechts anzunehmen ist, daß mit weiteren schlichten Normierungen keine Verhaltensänderung von Richtern zu erreichen ist, muß hier überlegt werden, ob Modellernen im oben genannten Sinne stattfinden kann. Sieht man die Liste der Konditionen durch, unter denen das einschlägigste modellhafte Verfahren, das „Stuttgarter Modell", seine Wirkung gezeitigt hat, so gibt es Übertragbarkeiten, aber auch Problematisches. Deshalb müssen die einzelnen Kriterien diskutiert werden. Massive Verkürzung der Urteile ist sogar ohne richterrechtliche Entwicklung, sondern de lege lata durch bloßes richterliches Verhalten zu erreichen. Über eine vorsichtige Stützung von außen, also förderliches Verhalten von Rechtsmittelinstanz und Dienstaufsicht, müßte sich vorweg Einverständnis erzielen lassen; ist das nicht möglich, so ist die Idee hinfällig. Das Engagement von Richterinnen und Richtern, die das Verfahren zu ihrem eigenen machen, wäre wohl zu gewinnen; man wird zwar vereinzelt mit Abneigung gegen solche Experimente rechnen müssen, aber der Kreis der interessierten Richter ist bei weitem groß genug, um das Personalproblem zu lösen.

Viel schwieriger ist die Frage, ob durch massive Kürzung von Urteilen bei gleichzeitiger Stärkung der Mündlichkeit eine deutliche Distanzierung gegenüber bisherigen Übungen und Erfahrungen herzustellen ist. Davon ist auch abhängig, ob ein besonderes Interesse in der Öffentlichkeit gewünscht oder erreicht werden kann. Schließlich ist auch das letzte der oben aufgezählten Kriterien für die Wirksamkeit des „Stuttgarter Modells", nämlich Neuartigkeit durch Neuanfang, mit dieser Frage verwoben; wenn das Verfahren nicht deutlich neuartig ist, werden die organisatorischen Vorkehrungen für einen Neuanfang als unnötiger Aufwand erscheinen.

Diese Sachlage erzwingt Einschätzung von Machbarkeiten. Hier geht es darum, ob die bloße Verkürzung von Urteilen bei gleichzeitiger Verstärkung von Mündlichkeiten von den übrigen Verfahrensbeteiligten und von Richtern als Novum deutlich identifiziert wird, so daß auch die entsprechenden Beschleunigungen, die von außen her noch viel schwerer meßbar sind, gesehen und in ihrer Ursachenverkettung richtig gedeutet werden. Das ist schwer prognostizierbar.

Die handlungspraktische Konsequenz besteht in einer gewissen Vorsicht. Es empfiehlt sich nicht, eine weitere Öffentlichkeit mit der Neuerung in einem speziellen Arbeitsgericht zu befassen, wenn man nicht sicher sein kann, daß die Neuerung wirksam und gut ist. Diese Konsequenz ist auch um der beteiligten Richter willen notwendig, die bei so unsicheren Ausgangslagen fairerweise nicht unter Erfolgszwang gestellt werden dürfen. Ein solcher Erfolgszwang würde aber eintreten, wenn man z. B. analog zum „Stuttgarter Modell" ein „Hamburger Modell" mit größerer Öffentlichkeitswirksamkeit proklamiert. Allerdings gibt es an jedem wichtigeren Gerichtsort einen engeren Diskussionskreis von Richtern und dauernd mit dem Arbeitsrecht Beschäftigten, in dem das Problem differenzierter gesehen wird und die Erfolge nicht allzu gewaltig ausfallen müssen, um wahrgenommen zu werden. Ein solcher Kreis ist über Fortbildungsveranstaltungen für Richter und Anwälte, rundbriefartige Veröffentlichungen, Podiumsdiskussionen usw. ansprechbar und einbeziehbar.

Vor einer Initiative, die sich auf Gewinnung eines oder mehrerer Richter für die Absetzung extrem kurzer Urteile und das Vertreten dieser Praxis in der Öffentlichkeit richtet, müssen die Risiken bedacht werden. Ein relevantes Risiko ist allerdings nicht zu sehen. Selbst wenn nur herauskommt, daß ein Richter fortan wirklich kurze Urteile absetzt, so wäre das kein Nachteil, sondern ein Vorteil, wenngleich ein bescheidener.

Der Übergang zur ausschließlich mündlichen Urteilsbegründung sollte von vornherein auf der Ebene der Gesetzgebungsinitiative diskutiert werden. Bei den bestehenden Möglichkeiten nach § 313 a ZPO sind die Anreize zu gering. Sehr fraglich ist auch, ob durch gesetzgeberische Nutzung der bestehenden geringfügigen Spielräume der Gerichtskosten hinreichende Anreize geschaffen werden können. Auch der völlige Wegfall von Gerichtskosten, der sicherlich bereits einige rechtspolitische Diskussionen auslöste, geht ganz überwiegend auf recht geringe Summen. Die Steigerung von Rechtsmittelverzichten und Verzichte auf Schriftlichkeit der Urteile, die auf diesem Wege erreichbar ist, muß als zu gering eingeschätzt werden, als daß das Oberziel, die Beschleunigung des arbeitsgerichtlichen Verfahrens, in relevanter Weise gefördert würde. Allerdings hätte eine entsprechende gesetzgeberische Initiative auch kein besonderes Gefahrenmoment, so daß man durchaus in dieser Richtung aktiv werden kann, wenn man sich in der Gesetzgebungsart nicht auf einen anderen Punkt konzentrieren möchte.

Als solcher anderer Punkt ist der Gedanke zu sehen, durch Beseitigung der Streitwertberufung die Zulassungsberufung zu generalisieren und für alle Fälle der Rechtsmittellosigkeit ausschließliche mündliche Urteilsbegründung vorzusehen. Die Regelung würde sowohl im Arbeitsgericht als auch im Landesarbeitsgericht zu Arbeitsersparnissen führen, die Aufmerksamkeit verdienen. Für den rechtsuchenden Bürger sind hinsichtlich des eintretenden Rückgangs von Berufungsmöglichkeiten alle diejenigen Vor- und Nachteile zu konstatieren, die im Zusammenhang mit Beschränkung von Rechtsmitteln in der Arbeitsgerichtsbarkeit und in allen anderen Gerichtsbarkeiten seit langer Zeit diskutiert werden. Die hier vorgeschlagene Grenzverschiebung würde ihn jedenfalls nicht zusätzlich gravierend belasten. Soweit der rechtsuchende Bürger hinsichtlich der Urteilsgründe auf Rezeption des gesprochenen Richterwortes angewiesen ist, stehen sich Vor- und Nachteile gegenüber, und es gibt keinen durchgreifenden Grund, dem Übergang auf generelle Mündlichkeit zu widersprechen.

Für eine politische Umsetzung in eine Gesetzgebungsinitiative empfiehlt sich eine Vorbereitung in der Fachöffentlichkeit. Zu bedenken ist auch, daß es bei einer bundesweiten Regelung Argumente aus den institutionellen Gegebenheiten anderer Regionen geben wird. So ist vorstellbar, daß mancherorts eine weitere Einschränkung der Kontrolle der Arbeitsgerichte durch Richter, die höher in der Hierarchie stehen, für politisch inopportun gehalten wird. Solche an dieser Stelle schwer abschätzbaren Argumente müssen sich erst herausstellen. Eine gesetzgeberische Initiative würde, zumal wenn sie in der Öffentlichkeit vorbereitet würde, eine Querverbindung schaffen zu der Bemühung um massive Kürze von Urteilen. Sie würde in der Fachöffentlichkeit die Bedeutung der mündlichen Mitteilung der Urteilsgründe stärker ins Bewußtsein heben und den Bewußtseinswandel fördern, der für eine Praxis generell kürzerer Urteile nötig ist.

7. Generelle Dilemmata von Beschleunigungsbemühungen

7.1 Notwendigkeit der Kooperativität von Richtern

Es ist eine Binsenwahrheit, daß gesetzgeberische oder von der Verwaltung initiierte Bemühung um Verfahrensbeschleunigung immer auf Kooperation von Richterseite angewiesen ist. In den vorangegangenen Überlegungen wurde dies bereits mehrfach angesprochen, und Kooperationsbereitschaften sind gerade für die relevanten Punkte nötig. Dies zeigt sich nicht nur bei Präklusionsvorschriften, sondern auch in der Bereitschaft zu modellhaften Verfahren, beim Hinwirken auf Rechtsmittelverzichte und hinsichtlich der zukünftigen Handhabung einer Berufungszulassungspraxis. Auch sonst gibt es zahlreiche Spielräume, die vom Richter im Einzelverfahren vor Ort ausgefüllt werden müssen. Solche Ausfüllungen aber fallen sehr verschieden aus, je nachdem, wie sich Beschleunigungsbemühungen aus der Perspektive des Richters darstellen.

7.2 Denkbare Verhaltensstrategien von Richtern

Gegenüber Beschleunigungen sind drei richterliche Verhaltensweisen denkbar. Diese Strategien können bewußt oder unbewußt eingeschlagen werden; sie können in der Öffentlichkeit vertreten oder sie können rein faktisch praktiziert werden.

— Die Richterschaft kann die beschleunigenden Neuerungen deshalb nicht akzeptieren, weil klar ist, daß die Zunahme von Verfahrenszahl insgesamt eine reale Entlastung unmöglich macht. Das Kalkül kann in diesem Fall lauten, daß die Beibehaltung von Routinen und Konventionen immer noch simpler ist als ihre Änderung, und die Warteschlangen an unerledigten Verfahren ohnehin länger werden.

— Die Richterschaft kann natürlich insgesamt auch neue Verhaltensweisen annehmen, weil sie kollektiv und solidarisch darauf hofft, daß der Entlastungseffekt nicht vollständig von den steigenden Verfahrensziffern absorbiert wird.

— Einzelne Richter können die neuen Verhaltensweisen in Verfahren auch deshalb annehmen, weil sie sich ausrechnen, daß sie im Vergleich zu anderen Richtern, die verzögert reagieren, in Arbeitsbelastung und Karriere besser abschneiden. Ob aus diesem Verhalten einzelner dann ein Veränderungsschub erwächst, der die Gesamtheit ergreift, ist nicht zu prognostizieren.

Man kann vermuten, daß in der Realität alle drei Reaktionstypen nebeneinander vorkommen werden, so daß zwar aus diesen Überlegungen kein durchschlagendes Argument gegen Beschleunigungsbemühungen überhaupt entspringt, aber jedenfalls noch einmal bestätigt wird, daß das Bemühen um Verfahrensbeschleunigung mit großen Schwierigkeiten zu rechnen hat.

Literaturverzeichnis

Albrecht / Reidegelt: Bürger und Verwaltung, Verwaltungsarchiv 1977, S. 246 ff.

Arndt, Herbert: Der Kommentar, DRiZ 1978, S. 235

— Die Dienstaufsicht über Richter in der Rechtsprechung des Bundesgerichtshofes, DRiZ 1978, S. 298

Atkinson: John W.: Einführung in die Motivationsforschung, Stuttgart 1975

Atkinson / Cofer / Appley: Motivation, New York 1964

Bachof, Otto: Über die Notwendigkeit des Anwaltszwangs im Verwaltungsprozeß, NJW 1954, S. 256

— Verfassungsrecht, Verwaltungsrecht, Verfahrensrecht in der Rechtsprechung des Bundesverwaltungsgerichts, Band I, 3. Aufl., 1966

Bartsch, Michael: Leserbrief zu: Ostler ZRP 1981, S. 59; ZRP 1981, S. 152

Barwasser, Franz H.: Die Vereinfachungsnovelle zur ZPO und das Verfahren vor dem Arbeitsgericht, AuR 1978, S. 138

— Zur sogenannten Beschleunigungsnovelle zum ArbGG, AuR 1984, S. 171

v. Bassewitz, Hans-Henning: Grenzen der Rechtsfindungsressourcen und richterliche Fürsorge, DRiZ 1982, S. 458

Bauer, Horst: Gerichtsschutz als Verfassungsgarantie zur Auslegung des Art. 19 Abs. 4 GG, Berlin 1973

Baumbach / Lauterbach / Albers / Hartmann: Kommentar zur Zivilprozeßordnung, 42. Aufl., 1984

Baumgärtel / Mes (Hrsg.): Rechtstatsachen zur Dauer des Zivilprozesses (erste Instanz), 2. Aufl., Köln u. a. 1972

Baur, Fritz: Rezension zu: Bender / Belz / Wax, Das Verfahren nach der Vereinfachungsnovelle und vor dem Familiengericht, Ein Leitfaden für die Praxis, ZZP 1978, S. 79

Becker, Friedrich: Rezension zu: Wlotzke / Schwedes / Lorenz, Das neue Arbeitsgerichtsgesetz 1979. Erläuterungen zu den geänderten Vorschriften. AuR 1979, S. 309

Benda, Ernst: Richter im Rechtsstaat, DRiZ 1979, S. 357

Bender, Rolf: Einige Vorschläge zur Implementierung von Verfahrensgesetzen, S. 289, in: Blankenburg / Lenk, Organisation

Bender / Belz / Wax: Das Verfahren nach der Vereinfachungsnovelle und vor dem Familiengericht, München 1977

Bichler, Hubert: Erfahrungen mit der Novellierung des ArbGG, AuR 1984, S. 176

Bietz, Hermann: „Justizreform" in der Sackgasse? DRiZ 1980, S. 223

Bischof: Rezension zu: Thomas / Putzo, ZPO, 11. Aufl., München 1981, MdR 1981, S. 790

Bischof, Hans Helmut: Der Zivilprozeß nach der Vereinfachungsnovelle, Stuttgart u. a. 1980

BK: Bonner Kommentar zum Grundgesetz, Zweitbearbeitung (zit.: BK-Bearbeiter)

Blankenburg, Erhard: Warum Alternativen zur Ziviljustiz? DRiZ 1981, S. 464

Blankenburg / Lenk (Hrsg.) unter Mitarbeit von Ralf Rogowski: Organisation und Recht. Organisatorische Bedingungen des Gesetzesvollzugs (Jahrbuch für Rechtssoziologie und Rechtstheorie, Band VII), Opladen 1980

Blankenburg / Morasch: Zur neueren Entwicklung der Justiz, DRiZ 1979, S. 197

Böhret / Hugger: Der Praxistest von Gesetzentwürfen, Baden-Baden 1980

Bohnen, Rainer: Überlegungen zur Arbeitsbelastung des Familienrichters, DRiZ 1977, S. 199

Brandstätter, Hermann: Sozialpsychologie, Stuttgart 1983

Brandt / Köhler: Norm und Konformität, in: Graumann (Hrsg.), Sozialpsychologie

Brüggemann, Jürgen: Die richterliche Begründungspflicht, Berlin 1971

Bulla, Werner: Die Konkurrenz von arbeitsgerichtlichem Urteils- und Beschlußverfahren, RdA 1978, S. 209

Bundesrechtsanwaltskammer (Hrsg.): Tatsachen zur Reform der Zivilgerichtsbarkeit, Band II: Auswertungen, Tübingen 1974

Burisch, Wolfram: Industrie- und Betriebssoziologie, 7. Aufl., Berlin / New York 1973

Dahrendorf, Ralf: Sozialstruktur des Betriebs, Wiesbaden 1958

Deubner, Karl: Berufungszwang durch Verfahrensbeschleunigung, NJW 1978, S. 355

— Zur Anwendung des § 296 I ZPO im arbeitsgerichtlichen Verfahren, NZA 1985, S. 113

— Das Ende der Zurückweisung verspäteten Vorbringens im frühen ersten Termin, NJW 1985, S. 1140

Diekmann, Andreas: Die Befolgung von Gesetzen, Berlin 1980

Drucker, Peter F.: The practise of management, New York 1965

Dütz, Wilhelm: Rechtsstaatlicher Gerichtsschutz im Privatrecht, Bad Homburg 1970

— Die Beilegung von Arbeitsstreitigkeiten in der Bundesrepublik Deutschland, RdA 1978, S. 291

— Aktuelle Fragen zur Arbeitsgerichts-Novelle 1979, RdA 1980, S. 81

— Rezension zu: Wlotzke / Schwedes / Lorenz, Das neue Arbeitsgerichtsgesetz 1979, Erläuterungen zu den geänderten Vorschriften, RdA 1980, S. 234

Edelmann, Walter: Einführung in die Lernpsychologie (Band I und II), München 1978

Ehrenberg, Herbert: Zum Präsidentenwechsel beim Bundesarbeitsgericht (Rede des Bundesministers für Arbeit und Sozialordnung vom 26. 2. 1981), RdA 1981, S. 224

Eilsberger: Gedanken zum „Rechtsroulette", JZ 1971, S. 522

Ellermann-Witt, Rolf: Arbeitnehmer vor Gericht — Eine empirische Untersuchung zur Chancengleichheit im Arbeitsgerichtsverfahren, Diss. Freie Universität Berlin 1983

Eyferth / Kreppner: Entstehung, Konstanz und Wandel von Einstellung, in: Graumann (Hrsg.), Sozialpsychologie

Falke / Höland / Rhode / Zimmermann: Kündigungspraxis und Kündigungsschutz in der Bundesrepublik Deutschland. Eine empirische Untersuchung, Bonn 1981

Feldmann, Börries von: Richter müssen zuviel schreiben, DRiZ 1977, S. 183

Feser u. a.: Arbeitsgerichtsprotokolle, 2. Aufl., Neuwied und Darmstadt 1982

Finkelnburg, Klaus: Das Gebot der Effektivität des Rechtsschutzes in der Rechtsprechung des BVerwG, in: Festgabe aus Anlaß des 25jährigen Bestehens des BVerwG, München 1978, S. 169

Fischer, Robert: Sparmaßnahmen im Bereich der Justiz, DRiZ 1977, S. 27

Franke, Jürgen: Nochmals: Richter müssen zuviel schreiben. DRiZ 1977, S. 244

Franzki, Harald: Das Gesetz zur Vereinfachung und Beschleunigung gerichtlicher Verfahren (Vereinfachungsnovelle), DRiZ 1977, S. 161

— Die Vereinfachungsnovelle und ihre bisherige Bewährung in der Verfahrenswirklichkeit, NJW 1979, S. 9

Frese, Erich: Stichwort Personalplanung, in: Grochla (Hrsg.), Handwörterbuch

Frommel, Monika: Entlastung der Gerichte durch Alternativen zum zivilen Justizverfahren?, ZRP 1983, S. 31

Gilles, Peter: Die Rechtsmittel im Zivilprozeß, Frankfurt 1972

— (Hrsg.): Humane Justiz. Die deutschen Landesberichte zum ersten internationalen Kongreß für Zivilprozeßrecht in Gent 1977, Kronberg/Ts. 1977

Gottwald / Hutmacher / Röhl / Strempel (Hrsg.): Der Prozeßvergleich, Köln 1983

Graumann, Carl-Friedrich (Hrsg.): Sozialpsychologie. Handbuch der Psychologie, Band VII, Göttingen 1972

Grave / Mühle: Denkgesetze und Erfahrungssätze als Prüfungsmaßstab im Revisionsverfahren, MDR 1975, S. 274

Grochla / Wittmann (Hrsg.): Handwörterbuch der Betriebswirtschaft, Stuttgart 1975 ff.

Grunsky, Wolfgang: Die Straffung des Verfahrens durch die Vereinfachungsnovelle, JZ 1977, S. 204

— Vereinfachungsnovelle und arbeitsgerichtliche Verfahren, JZ 1978, S. 81

— Die wichtigsten Neuerungen des Gesetzes zur Beschleunigung und Bereinigung des arbeitsgerichtlichen Verfahrens, BB 1979, S. 949

— Arbeitsgerichtsgesetz, Kommentar, 4. Aufl., München 1981

Günther, Herbert: Kommunikationsprobleme im Zivilprozeß, ZRP 1981, S. 24

Hartmann, Peter: Ein Jahr Vereinfachungsnovelle, NJW 1978, S. 1457

Hartwig / Hesse: Die Entscheidung im Zivilprozeß. Ein Studienbuch über Methode, Rechtsgefühl und Routine im Gutachten und Urteil, Königstein/Ts. 1981

Haug, Ulrich: Direktion zwischen Sachzwang und Demokratie, Berlin 1979

Hauser, Jürgen-Peter: Grenzen der Rechtsgewährung, DRiZ 1981, S. 410

Hegenbarth, Rainer: Symbolische und instrumentelle Funktionen moderner Gesetze, ZRP 1981, S. 201 ff.

Hendel, Dieter: Ressourcenknappheit und Rechtsgewährung. Überlegungen zu einer Ökonomie des Zivilprozesses, DRiZ 1980, S. 376

Henke, Horst-Eberhard: Warum Prozesse so lange dauern, ZZP 1970, S. 125

Hensen, Horst-Dieter: Zum Rechtsgespräch im Zivilprozeß, S. 177, in: Ackermann / Albers / Bettermann (Hrsg.), Aus dem Hamburger Rechtsleben, Festschrift für Reimers, Berlin 1979

Hentze, Joachim; unter Mitarbeit von Joachim Metzner: Personalwirtschaftslehre, Band I und II, 2. Aufl., Bern/Stuttgart 1981

Herbst, Gerhard: Der Prozeßvergleich aus der Sicht der Justizverwaltung, S. 39, in: Gottwald u. a. (Hrsg.), Prozeßvergleich

Hermisson, Vollrath: Die Rechtsprechung des BGH und des BVerwG zur Zurückweisung von verspätetem Vorbringen im Zivilprozeß, NJW 1983, S. 2229

Herr, Robert: Zur Neufestsetzung der Richterpension, DRiZ 1979, S. 371

Herrmann, Wolfgang: Hilfskräfte für Richter?, DRiZ 1980, S. 71

Herschel, Wilhelm: Überindividuelles Rechtsschutzbedürfnis, insbesondere im arbeitsgerichtlichen Verfahren, BB 1977, S. 1161

— Die ehrenamtlichen Richter der Arbeitsgerichtsbarkeit — Vorschläge zur Mehrung ihres Einflusses, AuR 1980, S. 321

Herzberg: Work and the nature of man, 5. Aufl., Cleveland 1966

Herzberg / Mausner / Syndermann: The motivation to work, 2. Aufl., New York 1959

Herzog, Hans: Der Kommentar, DRiZ 1981, S. 185

Hesse, Hans Albrecht: Routine im Richterberuf, KZSS 1978, S. 305

Hoffmann, Lutger: Kommunikation vor Gericht, Tübingen 1983

Hoffmann-Riem (Hrsg.): Bürgernahe Verwaltung?, Darmstadt 1980

Horn, Ulrich: Normvollzug in einer automatisierten Massenverwaltung — Ein empirischer Beitrag zur Rechtswirksamkeit in öffentlichen Organisationen, S. 242, in: Blankenburg / Lenk (Hrsg.), Organisation

Ide, Günter: Gerichtsverfassung und Haushalt, RdA 1979, S. 228

Jasper, Lutz: Recht und Sprache, DRiZ 1983, S. 31

Joachim, Hans G.: Gedanken zur Reform des Arbeitsgerichtsgesetzes, AuR 1977, S. 307

Kinne, Harald: Zur Zurückweisung verspäteten Vorbringens im Zivilprozeß, DRiZ 1985, S. 15

Kissel, Otto Rudolf: Der dreistufige Aufbau in der ordentlichen Gerichtsbarkeit, Frankfurt 1972

— Gedanken zu den Gerichtskosten im Zivilprozeß, S. 313, in: Lüke / Jauernig (Hrsg.), Festschrift für Schiedermair, München 1976

— Sorgen um die Justiz, DRiZ 1981, S. 219

— Das Bundesarbeitsgericht — vom Gesetzgeber allein gelassen?, AuR 1982, S. 137

Klöpfer, Michael: Verfahrensdauer und Verfassungsrecht, JZ 1979, S. 209

Kniffka, Rolf: Der amtsgerichtliche Zivilprozeß — ein bürgernahes Verfahren? DRiZ 1982, S. 13

Koch, Hartmut: Das Gesetz über die Prozeßkostenhilfe unter besonderer Berücksichtigung des arbeitsgerichtlichen Verfahrens, AuR 1981, S. 43

Kotsch, Josef: Knappe Ressourcen im Zivilrecht — Sicherung der Rechtsschutzgewährung durch den Zivilrichter, DRiZ 83, S. 170

Kühnert: Hanno: Sind deutsche Richter faul? Die „Zeit" vom 24. 8. 1979, abgedruckt in: DRiZ 1979, S. 349

Lademann, Karl: Stellenausschreibungen, DRiZ 1977, S. 178

Lange, H. D.: Die Zurückweisung verspäteten Vorbringens im ersten Termin, DRiZ 1980, S. 408

Lange, Klaus: Kriterien für die Wirksamkeit von Instrumenten und Programmen des Verwaltungshandeln, DÖV 1981, S. 81

Lautmann, Rüdiger: Justiz — die stille Gewalt, Frankfurt 1972

Leibholz / Rinck: Kommentar zum Grundgesetz, 5. Aufl., Köln 1975 ff.

Leipold, Dieter: Prozeßförderungspflicht der Parteien und richterliche Verantwortung, ZZP 1980 (93. Bd.), S. 237

— Auf der Suche nach dem richtigen Maß bei der Zurückweisung verspäteten Vorbringens, ZZP 1984, S. 395

Lenk, Klaus: Steuerung des Handelns von Verwaltern, S. 254, in: Blankenburg / Lenk (Hrsg.), Organisation

Leonardy, Helmut: Eröffnungsansprache und Grußworte (z. 13. Dtsch. Richtertag v. 25.—27. 4. 1983 in München), DRiZ 83, S. 378

— Rechtsstaat und Begrenzung der Rechtsgewährung, DRiZ 1982, S. 121

Lepke, Achim: Zur Aussetzungsbefugnis des Vorsitzenden im arbeitsgerichtlichen Verfahren, BB 1982, S. 2191

Lorenz, Dieter: Der grundrechtliche Anspruch auf effektiven Rechtsschutz, AöR 105 (1980), S. 623

— Der Rechtsschutz des Bürgers und die Rechtsweggarantie, München 1973

Lorenz, Martin: Auswirkungen der Vereinfachungsnovelle auf das arbeitsgerichtliche Verfahren, BB 1977, S. 1000

von Mangold / Klein: Kommentar zum Grundgesetz, 2. Aufl., München 1974

Maslow, Abraham H.: Motivation and personality, New York 1965

Mattern, Friedrich: Kürzere Urteile, DRiZ 1960, S. 11

Maunz / Dürig / Herzog / Scholz: Kommentar zum Grundgesetz, München 1974 ff.

Mayntz, Renate (Hrsg.): Zur Implementation politischer Programme, 1980

Mayo, Elton: Probleme industrieller Arbeitsbedingungen, Frankfurt 1950

McGregor, Douglas: Der Mensch im Unternehmen, Düsseldorf 1970

Meinardus, Hermann: Bedenkliche Einschränkung des Rechtsschutzes, DRiZ 1981, S. 388

Menne, Heinz: Sprachbarrieren und Rationalisierung im Zivilprozeß, ZZP 1975, S. 267

Mertius, Wolfgang: Strukturveränderungen in der ordentlichen Gerichtsbarkeit — Verschlechterung der Richterbesoldung ohne Änderung der Besoldungsordnung, DRiZ 1977, S. 70

Meyer-Ladewig, Jens: Die Neuordnung des Verwaltungsprozeßrechts, Sgb 1982, S. 461

Moritz, Klaus: Strukturen des Kündigungsschutzprozesses in Deutschland und Frankreich, BlStSozArbR 1983, S. 49

Müller, Gerhard: Gedanken zum Richterrecht, AuR 1977, S. 129

Nagel, Heinrich: Die rechtliche Stellung, Aufgaben und Pflichten der Richter der Bundesrepublik Deutschland im Zivilprozeß, DRiZ 1977, S. 321

Neuberger, Oswald: Messung der Arbeitszufriedenheit, Stuttgart 1974

Nichterlein, Reiner: Recht und Sprache. Versuch zur Verbesserung der richterlichen Schriftsprache im Zivilprozeß, DRiZ 1982, S. 241

Noll, Peter: Gründe für die soziale Urwirksamkeit von Gesetzen, S. 259, in: Rehbinder / Schelsky (Hrsg.), Effektivität

Ostler, Fritz: Die gesetzlichen und richterlichen Fristen von einer Woche — ein Anachronismus, in: ZRP 1981, S. 59

Otto, Harro: Möglichkeiten und Grenzen der Revision in Strafsachen, NJW 1978, S. 1

Overrath, Ingrid: Prozeßbeschleunigung durch Verspätung? DRiZ 1980, S. 253

Paehler, Hans H.: Der Richter und sein Ärger, DRiZ 1977, S. 86

Pfeiffer, Gerd: Knappe Ressource Recht, ZRP 1981, S. 121

— Der Richter und seine Aufgaben heute und morgen, DRiZ 1981, S. 241

Phillipsen, Hans-E.: Auswirkungen der Vereinfachungsnovelle zur ZPO auf das Verfahren vor dem LAG, AuR 1978, S. 143

Phillipsen / Schmidt / Schäfer / Busch / Schwab: Die Auswirkungen der Vereinfachungsnovelle auf das Verfahren vor den Gerichten für Arbeitssachen, NJW 1977, S. 1133

— / — / — / — / — Die Beschleunigungsnovelle zum Arbeitsgerichtsgesetz 1979

Porter / Lawler: Managerial attitudes, Homewood 1968

Posser / Wassermann (Hrsg.): Von der bürgerlichen zur sozialen Rechtsordnung, Heidelberg/Karlsruhe 1981

Priepke, Walther: Richteramt und Beförderungssystem, DRiZ 1978, S. 169

Prüllage, Heinrich: Knappe Ressource Recht (zu Pfeiffer, ZRP 1981, 121 und Weychardt, ZRP 1981, 224), ZRP 1982, S. 32

Prütting, Hanns: Die Zulassung der Revision, Köln u. a. 1977

Raabe, Heiko: Die neuen Vorschriften über das Zivilurteil in der Praxis, DRiZ 1979, S. 135

Raschke, Manfred: Rechtsprechung und Bürokratie, DRiZ 1981, S. 461

Rasehorn, Theo: Kommunikationsprobleme im Zivilprozeß. Eine rechtssoziologische Zwischenbilanz, ZRP 1980, S. 6

— Chancengleichheit durch Informationsgefälle im Zivilprozeß, ZRP 1981, S. 223

Rehbinder / Schelsky (Hrsg.): Zur Effektivität des Rechts. Jahrbuch für Rechtssoziologie und Rechtstheorie, Band III, Düsseldorf 1972

Rieß, Peter: Zur Entwicklung der Geschäftsbelastung in der ordentlichen Gerichtsbarkeit, DRiZ 1982, S. 201

— Die Entwicklung der Geschäftsbelastung der ordentlichen Gerichtsbarkeit im Jahre 1981, DRiZ 1982, S. 464

Rixecker, Roland: Vermeintliche Randprobleme der Beschleunigung des Zivilprozesses, NJW 1984, S. 2135

Rosenberg / Schwab: Zivilprozeßrecht, 13. Aufl., München 1981

Rosenstiel / Molt / Rüttiger: Organisationspsychologie, Stuttgart 1972

Roßmanith, Günther: Verhandlungsmaxime und richterliche Aufklärung des Sachverhalts, AuR 1977, S. 171

Rudolph, J.: Datenverarbeitung und Recht, DRiZ 1981, S. 38

Rudolph, Kurt: Die Zivilprozeßlandschaft, DRiZ 1978, S. 366

Rüdiger, Alexander: Hilfskräfte für Richter, DRiZ 1980, S. 146

Rüthers, Bernd: Hilfe für die Arbeitsgerichtsbarkeit, FAZ 4. 6. 1983 (Nr. 127), S. 13

von Selzem, Wilfried: Leserbrief zu: Ostler, ZRP 81, S. 59 und Bartsch, ZRP 1981, S. 152, ZRP 1981, S. 200

Sendler, Horst: Beschleunigung des verwaltungsgerichtlichen Verfahrens. Zur „hausgemachten" Überlastung der Verwaltungsgerichte, DVBl. 1982, S. 923

Schellhammer, Kurt: Die Arbeitsmethode des Zivilrichters, 5. Aufl., Heidelberg / Karlsruhe 1981

Schenke, Wolf-Rüdiger: Mehr Rechtsschutz durch eine einheitliche Verwaltungsprozeßordnung, DÖV 1982, S. 709

Schlichting, Gerhard: Rezension zu: Hartwig / Hesse, Die Entscheidung im Zivilprozeß. Ein Studienbuch über Methode, Rechtsgefühl und Routine in Gutachten und Urteil, DRiZ 1981, S. 476

Schmidt, Jörg: Der Schutz der persönlichen Unabhängigkeit des Richters bei Personalentscheidungen und dienstlichen Beurteilungen, DRiZ 1981, S. 81

Schmidt / Bleibtreu / Klein: Kommentar zum Grundgesetz, 5. Aufl., Neuwied / Darmstadt 1980

Schneider, Egon: Beiträge zum neuen Zivilprozeßrecht, MDR 1977, S. 793, 881, 969 und 1978, S. 1, 89

— Rezension zu: Bischof, Der Zivilprozeß nach der Vereinfachungsnovelle, DRiZ 1980, S. 238

— Nochmals: Tatbestand und Entscheidungsgründe des Zivilurteils nach neuem Recht, JuS 1978, S. 334

— Wissenschaft und Praxis des Zivilprozeßrechts nach der Vereinfachungsnovelle, DRiZ 1980, S. 220

— Belege in den Entscheidungsgründen, ZZP 1964, S. 222

Schregle, Johannes: Die Regelung von Arbeitsstreitigkeiten aus rechtsvergleichender Sicht, Gewerkschaftliche Monatshefte 1980, S. 322

Schultz, Günther: Blick in die Zeit, MDR 1978, S. 282

Schulz, Jan: Justizgeschäftsstatistiken auf Zählerkartenbasis. Fundus der Rechtstatsachenforschung oder Quelle der Fehlinformation?, DRiZ 1980, S. 170

Schumann, Ekkehard: Die Wahrung des Grundsatzes des rechtlichen Gehörs, NJW 1985, S. 1134

— Bundesverfassungsgericht, Grundgesetz und Zivilprozeß, ZZP 1983 (96. Bd.), S. 137

Schwab, Karl Heinz: Beschleunigung des Verfahrens, in: Gilles, Peter (Hrsg.), Humane Justiz, Kronberg/Ts. 1977, S. 29 ff.

Stahlhacke, Eugen: Das Gesetz zur Beschleunigung und Bereinigung des arbeitsgerichtlichen Verfahren, RdA 1979, S. 401

Stanicki, Henning: Streitwerterhöhung und was nun? — Vorschläge zur Entlastung und Vereinfachung —, DRiZ 1983, S. 270

Stauf, Wolfgang: Knappe Ressource Recht, ZRP 1981, S. 200

Steines, Werner: Tatbestand und Entscheidungsgründe des Zivilurteils nach neuem Recht, JuS 1978, S. 34

Struck, Gerhard: Zur Theorie juristischer Argumentation, Berlin 1978

Stürner, Rolf: Rezension zu: Gilles, Peter (Hrsg.), Humane Justiz, Die deutschen Landesberichte zum ersten internationalen Kongreß für Zivilprozeßrecht in Gent, ZZP 1980, S. 208

Taylor, Frederik W.: Grundsätze wissenschaftlicher Betriebsführung, München 1913

Uhlenbruck, Wilhelm: Der Kommentar, DRiZ 1981, S. 256

Uhlig, Sigmar (Hrsg.): Automation in Gerichts- und Verwaltungsverfahren. Referate der 2. Jahrestagung der GRVI, Berlin 1980

Unverhau, Thassilo: Knappe Ressource Recht, ZRP 1981, S. 224

Vollkommer, Max: Die lange Dauer der Zivilprozesse und ihre Ursachen, ZZP 81, S. 102

— Richterwechsel nach dem Schluß der mündlichen Verhandlung im Zivilprozeß, NJW 1968, S. 1310

Vorndran, Wilhelm: Der Kommentar, DRiZ 1980, S. 455

Voss, Rainer u. a.: Die geplante Novellierung verfahrensrechtlicher Vorschriften erhellt die Grenzen „strukturimmanenter" Reformen, DRiZ 1985, S. 25

Walchshöfer, Alfred: Die Auswirkungen der Vereinfachungsnovelle in der gerichtlichen Praxis, ZZP 1981, S. 179

Waldner, Wolfram: Präklusion im Zivilprozeß und rechtliches Gehör, NJW 1984, S. 2925

Wassermann, Rudolf: Justiz im sozialen Rechtsstaat, Darmstadt/Neuwied 1974

— Der soziale Zivilprozeß, Neuwied/Darmstadt 1978

— Sprachliche Probleme in der Praxis von Rechtspolitik und Rechtsverwirklichung, ZRP 1981, S. 257

— Rechtspolitik und Rechtspraxis auf dem Wege zur sozialen Rechtsordnung, in: Posser / Wassermann (Hrsg.), Rechtsordnung, Heidelberg/Karlsruhe 1981

— / *Petersen* (Hrsg.): Recht und Sprache, Heidelberg 1983

Weber, Theodor: Gütliche Beilegung und Verhandlungsstil im Zivilprozeß, DRiZ 1978, S. 166

Weil, Heinz: Personalmangel und kein Ende, DRiZ 1980, S. 110

Wendel, Wilhelm: Rezension von: Wassermann, Der soziale Zivilprozeß, AuR 1981, S. 348

Wenzel, Leonhard: Der neue Arbeitsgerichtsprozeß nach der Vereinfachungsnovelle, AuR 1977, S. 257

— Risiken des schnellen Rechtsschutzes, NZA 1984, S. 112 ff.

— Der zukünftige Arbeitsgerichtsprozeß — Gefahr einer verzettelten Reform, ZRP 1978, S. 206

— Das neue Arbeitsgerichtsgesetz, AuR 1979, S. 225

Werle, Raymund: Justizorganisation und Selbstverständnis der Richter. Eine empirische Untersuchung, Kronberg/Ts. 1977

Wesel, Uwe: „Offenbar unbegründet", KJ 1982, S. 131

Weychardt, Dieter W.: Abschaffung der zweiten Tatsacheninstanz, DRiZ 1981, S. 342

— Knappe Ressource Recht, ZRP 1981, S. 224

With, Hans de: Innovationsanstöße aus der Diskussion um „Alternativen zur Ziviljustiz", ZRP 1982, S. 188

Witte, Leo: Zur Lage der Justiz, DRiZ 1980, S. 201

Wlotzke / Schwedes / Lorenz: Das neue Arbeitsgerichtsgesetz 1979. Erläuterungen zu den geänderten Vorschriften, Düsseldorf/Frankfurt 1979

Wolf, Manfred: Entwicklungstendenzen im Zivilverfahrensrecht, ZRP 1979, S. 175

Wollmann, Helmut (Hrsg.): Politik im Dickicht der Bürokratie, Opladen 1980

Zimmermann, K. Helmut: Die besondere Prozeßförderung im Kündigungsschutzprozeß in Theorie und Praxis, BB 1984, S. 478

Zitscher: Wolfram: Neue technische Randbedingungen für die Rechtspflege und einige ihrer Probleme, NJW 1984, S. 2377

— Eine neue Art der Prozeßbeschleunigung und Verfahrensbereinigung, ZfA 1979, S. 559

— Mut zu neuem Zivilprozeß. Kritische Überlegungen zur Praxis der Gesetzgebung, ZRP 1977, S. 27

Zugehör, Josef: Zweckmäßigkeit und Grundriß eines freiwilligen Güteverfahrens vor dem Zivilrichter, DRiZ 1984, S. 465

FSC
www.fsc.org
MIX
Papier | Fördert gute Waldnutzung
FSC® C083411

Kolibri 360 GmbH
Ferdinand-Jühlke-Straße 7
99095 Erfurt, Deutschland
produktsicherheit@kolibri360.de

Druck:
CPI Druckdienstleistungen GmbH
im Auftrag der
Kolibri 360 GmbH
Ferdinand-Jühlke-Str. 7
99095 Erfurt